Le Voyage de Makena

Lauren St John

Le Voyage de MAKENA

Traduit de l'anglais
par Julie Lopez

Illustré par Catherine Hyde

GALLIMARD JEUNESSE

Titre original : *The Snow Angel*

Édition originale publiée en Grande-Bretagne par Zephyr,
un département de Head of Zeus, Ltd

Pour Emelia & Reyhana,
Avec mon amour et mes remerciements sincères
pour toutes ces années de promenades, de gâteaux,
de chutney à la mangue verte, de soutien
et de sages conseils.

La vie, c'est comme l'alpinisme –
il ne faut jamais regarder en bas.

Sir Edmund Hillary,
alpiniste, explorateur et philanthrope

DES AMIES HAUT PLACÉES

Makena inspira profondément et descendit dans la crevasse. À la lueur de sa lampe frontale, la cascade gelée du Khumbu, dans l'Everest, était un cauchemar magnifique : un puzzle de gouffres et de tours de glace. Quand le soleil se lèverait, elle fondrait et se transformerait, devenant encore plus fatale. La seule chose séparant Makena de l'oubli était une échelle. Les premier et deuxième barreaux tinrent bon. Le troisième oscilla sous sa chaussure. La terreur la transperça, mais elle se força à continuer. Si Edmund Hillary et Tenzing Norgay avaient réussi, elle aussi en était capable.

– *Tafadhali !* MAKENA !

Makena ne répondit pas. Elle serait bientôt en

sécurité. Tout ce qu'elle devait faire, c'était mettre un pied devant l'...

– Qu'est-ce qui t'arrive, Makena, tu as la bougeotte ? Comment Gloria peut-elle réussir tes tresses si tu n'arrêtes pas de gigoter dans ton fauteuil ?

Makena releva les yeux de son livre, le regard vitreux, le cœur battant à tout rompre.

Le Nairobi d'aujourd'hui réapparut. Elle revint brusquement à la réalité, et les champs de neige silencieux de son imagination cédèrent la place à la chaleur jaune de la saison sèche du Kenya, au boucan des sèche-cheveux et à Beyoncé. Sa mère avait passé la tête à l'intérieur du salon de beauté et coiffure Bénédictions et la regardait avec une expression à la fois tendre et exaspérée.

Makena sourit.

– Désolée, maman. Ce passage était captivant.

Gloria tira avec force sur une tresse pour attirer l'attention de Makena.

– Aïe !

– Si tu continues tes bêtises, je vais sortir ma tondeuse et te faire la boule à zéro, l'avertit la coiffeuse.

– Sans problème ! répondit gaiement Makena. Papa a la boule à zéro et c'est super. On dirait de la mousse. Il dit que c'est très pratique pour escalader les montagnes.

Sa mère se mit à rire.

– Oui, mais heureusement, tout ce dont tu as à t'inquiéter, c'est d'aller au collège et d'en revenir. Fais-moi plaisir et essaie les tresses pendant quelques mois. Ça te va bien. Si ça ne te plaît pas, Gloria pourra dessiner l'Everest sur ton crâne avec sa tondeuse. Je ne dirai rien.

Makena faillit bondir de son siège.

– Cool !

Gloria attrapa sa tondeuse et l'agita d'un air menaçant. Makena se fit toute petite.

Sa mère leva les yeux au ciel.

– Je plaisante, Makena. Maintenant, reste tranquille. C'est presque terminé.

– Mais ça fait trois bonnes heures qu'on est là, répliqua Makena, boudeuse.

Elle regarda d'un air mauvais le salon bondé où régnait une température de sauna, avec toutes ces femmes qui venaient ici autant pour la qualité des ragots que pour celle des coiffeuses.

– J'aurais pu profiter de tout ce temps pour m'entraîner à l'escalade ou pour lire un livre sur la descente en rappel. Les vrais alpinistes se fichent de leurs cheveux.

– Oui, et ça se voit, rétorqua sa mère. Certains d'entre eux ressemblent à des hommes des cavernes.

– Les apparences n'ont aucune importance quand on gravit l'Ice Window dans la crainte d'une avalanche. Papa dit que la seule chose qui compte, lorsqu'il guide ses clients jusqu'au sommet du mont Kenya, c'est de garder la tête sur les épaules quand tout le monde perd la sienne. Et, bien sûr, la volonté et de bons poumons. C'est à ça que je penserai après-demain.

Makena referma brusquement son livre et s'agita sur son siège.

– Oh, maman, j'ai tellement hâte ! J'ai peur de mourir d'excitation avant d'arriver là-bas.

– J'abandonne ! lança Gloria en arrachant la

serviette des épaules de Makena. On ne me paie pas assez pour ça. Tu n'as qu'à t'en aller avec tes cheveux qui partent dans tous les sens. Si quelqu'un te demande ce qui s'est passé, dis-leur que tu as été fauchée par une avalanche et que ceci en est le résultat. Ne t'avise pas de parler du salon de beauté et coiffure Bénédictions. On ferait faillite.

Makena attendit sur les marches du salon pendant que sa mère payait et ajoutait un gros pourboire pour apaiser Gloria. Le soleil de janvier cuisait lentement le marché de plein air de Kenyatta. Des clients en nage marchandaient par-dessus des étals de manioc, de tomates et des tonneaux de maïs fumant. Des poulets protestaient dans un panier à l'arrière d'une bicyclette. Un commerçant pourchassait une chèvre déterminée à engloutir tous ses épinards.

Sur la route, un peu plus loin, des voitures déglinguées, des bus bringuebalants et des pousse-pousse roulaient péniblement, comme dans un cirque délabré. Leurs coups de klaxon et leurs braiments agressaient les oreilles de Makena. La circulation à Nairobi avait triste réputation. Quelque temps auparavant, il y avait eu un bouchon de onze heures.

Nadira, la fille adolescente de Gloria, la rejoignit sous l'auvent du salon. Elle sourit et ses lèvres remuèrent.

– Excuse-moi ? demanda Makena, repartie dans l'Everest avec Hillary et le sherpa Tenzing en 1953, et ne revenant au présent qu'à contrecœur.

– J'ai dit que j'aimais bien ce que tu as dit tout à l'heure, sur l'escalade. La façon dont tu l'as défendue, et le fait que tu sois aussi passionnée. À t'entendre, on croirait que les montagnes sont tes amies.

La mère de Makena sortit du salon et fourra son portefeuille dans son sac.

– Allons-y avant que Gloria change d'avis et te coure après avec sa tondeuse.

Alors qu'elles esquivaient les voitures et les vélos, en pleine heure de pointe, Makena ne pouvait s'empêcher de repenser à ce que Nadira avait dit. Sans le savoir, la jeune fille avait résumé ce que Makena avait ressenti toute sa vie sans jamais réussir à le formuler.

Les montagnes étaient ses amies.

MAUVAISES FÉES

Makena était née et avait grandi en ville et, pourtant, dès qu'elle la quittait pour se rendre à Nanyuki, un éléphant descendait de sa poitrine.

Il ne s'agissait pas d'un véritable éléphant (évidemment) et il était minuscule (un ongle d'orteil d'éléphant, peut-être) mais, à Nairobi, il ne la quittait jamais. La rue était si embouteillée et les gens si serrés les uns contre les autres qu'elle avait souvent l'impression d'être aplatie, molécule après molécule, par une force invisible. Sa mère était professeure de sciences, et Makena savait par cœur qu'une molécule était un groupe d'atomes attachés ensemble et qu'un atome était la plus petite particule existante d'un élément chimique.

Alors que la silhouette irrégulière des immeubles de Nairobi rétrécissait derrière la Land Cruiser de M. Chivero, Makena se mit à respirer plus facilement. La route devant eux était toute droite. Le béton et la foule cédaient la place à de luxuriantes plantations de café, de thé et de bananes. Sous un ciel bleu étourdissant, les vendeurs au bord de la route souriaient derrière des pyramides colorées d'ananas, de mandarines et d'avocats.

Makena scrutait l'horizon, les yeux plissés, étirant sa ceinture de sécurité au maximum. Elle voulait être la première à apercevoir les ondulations mauves qui annonçaient le lointain mont Kenya.

Sur le siège avant, M. Chivero aspira bruyamment le contenu d'un gobelet en plastique et poussa un soupir de satisfaction.

– Du café du Kenya AA et du lait condensé – le meilleur ami des conducteurs. Deux tasses de ce breuvage pourraient faire redémarrer une voiture à la batterie déchargée.

– Est-ce que je peux goûter, oncle Samson ? demanda Makena en observant la boisson sirupeuse.

M. Chivero était un collègue zimbabwéen de son père, Kagendo Wambora, aux Tours du nouvel équateur. Il n'était pas de sa famille mais, comme le voulaient les traditions locales, elle appelait respectueusement les amis de ses parents « tante » ou « oncle ».

– S'il vous plaît, dit sa mère.

– S'il vous plaît, oncle Samson…

– Demande à ta mère.

Betty versa un peu de café dans le bouchon de la Thermos et le passa à sa fille entre les deux sièges. Une gorgée de cette boisson sucrée au goût fumé faillit faire exploser ses globes oculaires.

M. Chivero gloussa d'un air ravi.

– Hé, hé ! Qu'est-ce que je t'avais dit ? C'est aussi puissant qu'un coup de pied de girafe. Trop fort pour les enfants, mais parfait pour moi. Je ne risque pas de m'endormir au volant et de finir dans un fossé comme ce malheureux taxi.

Il tapota sa fenêtre. Ils dépassaient l'épave rouillée d'un taxi fou *matatu*, surnommé ainsi parce que beaucoup de chauffeurs de ces véhicules étaient des chauffards et des vagabonds. La manière dont les flancs du minibus se courbaient dans les herbes hautes rappelait à Makena un dinosaure qu'elle avait vu un jour au musée. Elle frémit. Les occupants du taxi s'étaient-ils éteints comme les Allosaures ?

– Attention aux excès de caféine, monsieur Chivero, le mit en garde la mère de Makena en prenant le bouchon des mains de sa fille, qui ne lui opposa aucune résistance. Ce n'est pas bon pour la santé.

Il ricana.

– Mieux vaut une centaine de litres de café que de compter sur un *tokoloshe* pour prendre le volant, comme le font certains chauffeurs routiers de mon pays d'origine, le Zimbabwe.

Makena se pencha en avant.

– C'est quoi un *tokoloshe,* oncle Samson ?

– Certains disent qu'au début c'était une gentille fée qui adorait les enfants. Mais, depuis plusieurs années, ce n'est plus qu'un lutin aquatique, méchant et malicieux.

– A-t-il encore des ailes ?

– Non, mais c'est tout ce dont on est sûrs. Un homme te dira que le *tokoloshe* qui a détruit sa maison était un nain ridé avec des cheveux de porc-épic. D'autres jurent que, lorsque la Nuit jette sa cape sur le Zimbabwe, le *tokoloshe* se transforme en babouin aux yeux comme des feux de cuisson. Ceux-là sont les plus populaires auprès des chauffeurs routiers qui effectuent de longues distances. Quand le chauffeur veut dormir, il s'allonge et laisse le *tokoloshe* prendre le relais.

Makena gloussa.

– Vous inventez des histoires.

M. Chivero ne rit pas avec elle.

– Dans certains villages de mon pays, tous les lits sont construits sur des briques, parce que les *tokoloshe* ont le vertige. Quand je suis au Zimbabwe, je ne dors que dans ces lits-là. Mais les chauffeurs routiers qui passent un accord avec eux ne peuvent pas s'en tirer aussi facilement. S'ils pensent pouvoir acheter la créature avec de la bière et des bonbons, ils se trompent. Une fois que vous avez pactisé avec le *tokoloshe*, il est insatiable.

– Ça veut dire quoi, insatiable ?

– C'est comme toi, demoiselle Makena, quand tu ouvres une boîte de chocolats. Tu en veux toujours plus.

– Les traditions, c'est important, mais ne remplis pas la tête de cette petite avec des superstitions, Samson Chivero, le gronda la mère de Makena. Tu sais très bien que les *tokoloshe* n'existent pas. C'est un mythe. Ces gobelins sont l'excuse préférée des chauffeurs paresseux, des adolescents désordonnés et des maris qui ont trop bu ou qui ont perdu au jeu tout l'argent des courses de la famille.

M. Chivero doubla une charrette tirée par un âne. Makena se retourna pour apercevoir les yeux sombres et patients de l'animal. Ses oreilles retombaient comme les feuilles d'un arbre-parapluie après l'orage.

– *Shamwari*, dit-il, utilisant le mot de la langue shona signifiant « amie », j'admets que tu as raison : les tire-au-flanc et les mauvais maris se servent des légendes des *tokoloshe* à leurs propres fins malhonnêtes. Mais même toi, une femme de science moderne, tu sais que certaines choses ne s'expliquent pas.

– Certainement pas. Je choisis d'avoir confiance dans la méthode scientifique. À la fin, la physique peut tout expliquer, et si elle ne peut pas expliquer quelque chose, c'est que ce n'est pas la fin.

– Et Lucas, alors, ton ami d'enfance – celui qui vivait parmi les poissons ? Qu'est-ce que la physique peut nous dire sur lui ?

La mère de Makena se figea. Pendant un long moment, personne ne dit rien. Le silence était si épais qu'on aurait pu le manger avec du pain et du beurre.

Le suspense était trop grand pour Makena.

– Qui est Lucas, maman ?

– Quelqu'un que j'ai connu avant ta naissance, ma chérie. Il y a si longtemps que je me souviens à peine de lui. La seule autre personne au courant de son histoire, c'est ton père. Il semble qu'il ait commis l'erreur de la partager avec Samson.

Ce dernier protesta, et Makena supplia sa mère de la mettre dans le secret, mais celle-ci refusa de céder.

Elle pointa le doigt devant elle.

– Makena, regarde !

Au loin apparaissait une tache bleu poudré, couronnée d'un *mawingu* (un nuage) cotonneux. Une sorte de montagne-gâteau. Makena avait passé des centaines d'heures à rêver des plus grandes montagnes du monde mais, pour elle, aucune ne possédait l'attrait du mont Kenya. Elle le sentait qui l'appelait.

Son cœur s'entortilla dans sa poitrine, essayant de se libérer.

Cependant, la montagne était encore loin, et elle mourait d'envie d'entendre l'histoire de Lucas qui avait vécu parmi les poissons, d'autant plus que sa mère était décidée à éviter le sujet. Personne ne pouvait vivre sous l'eau. Qu'est-ce qu'oncle Samson avait bien pu vouloir dire ?

Alors qu'elle s'apprêtait à insister, quelque chose d'inattendu se produisit.

– Prends la prochaine à droite, Samson, demanda sa mère. J'ai une surprise pour Makena : une visite spéciale aux roseraies Tambuzi.

Le visage de Makena se décomposa. Les surprises, c'était génial, et une roseraie, ça avait l'air sympa, mais la montagne l'attendait. Sa mère surprit son expression avant qu'elle puisse se reprendre.

Elle sourit.

– Tu es toujours tellement pressée, Makena. La montagne ne va pas bouger. Si tu ne fais que courir, courir, courir, tu risques de rater ce qui se trouve juste sous ton nez.

COMMENT ÉCHAPPER À UN BUFFLE

Makena but une gorgée de jus de mangue et s'appuya contre un rhinocéros. Aucun véritable rhinocéros au sang chaud n'aurait toléré qu'une jeune fille se serve de lui comme d'un parasol, mais celui-ci était en bois et, de ce fait, indifférent. Il contemplait sereinement la piste d'atterrissage civile de Nanyuki, la porte du mont Kenya, depuis la pelouse du restaurant Barney.

L'attention de Makena était concentrée sur son père. Il se tenait sur la piste, où il disait au revoir à un groupe de Canadiens barbus de la taille d'un grizzly. De loin, il semblait menu, en comparaison. En réalité, ses muscles fermes et souples étaient aussi durs que les roches volcaniques de la montagne qu'il adorait.

Lorsque les touristes furent montés dans le Cessna à huit sièges, il aida à charger leurs bagages. Ses mouvements étaient tranquilles et pourtant d'une efficacité élégante. On pouvait rarement le faire se hâter, mais sa fille et ses clients savaient qu'en cas d'urgence il se transformait en tourbillon d'actions bien huilées.

Il regarda l'avion s'envoler en tanguant dans le bleu avec un rugissement de tracteur, puis se dirigea vers elle. Makena courut à sa rencontre et il la fit tournoyer en l'air.

– Prête pour ta première tentative d'ascension de la montagne, Makena ? Es-tu forte comme un lion ?

Elle gloussa.

– Non, papa. Forte comme Tenzing Norgay.

– Aussi forte que ça ? Hum ! il va falloir que je te surveille, alors. Sinon tu vas essayer de me piquer mon poste.

– Comment est-ce arrivé ? s'écria sa femme en le

serrant contre elle. Comment me suis-je retrouvée avec deux chèvres de montagne ?

– Tu as eu de la chance, c'est tout, lança Makena.

– Tu crois ça ? Eh bien, peux-tu garder un peu de chance pour toi ? Je veux que vous rentriez tous les deux sains et saufs à la maison.

– Je pensais que tu ne croyais pas à la chance. Ce n'est pas scientifique.

Sa mère éclata de rire.

– C'est vrai. Je n'y crois pas. Mais je crois aux miracles. Je t'ai eue, non ?

La montagne n'était plus une tache à l'horizon. Elle remplissait tout le pare-brise. L'adrénaline et l'émerveillement donnaient des frissons à Makena. Elle hésitait entre sauter du 4×4 et poser ses chaussures de randonnée d'occasion sur les roches volcaniques du mont Kenya et s'enfuir, au cas où elle ne serait pas l'alpiniste douée et audacieuse de ses rêves.

Environ une heure plus tôt, ils avaient quitté la route goudronnée pour un chemin de terre cahoteux. Désormais, ils suivaient le sentier sinueux à travers la forêt tropicale. L'air était frais comme de la menthe, et Makena avait la chair de poule sur les bras.

C'était le début de l'après-midi, mais déjà la brise était mordante. La température, qui plongeait la nuit en montagne, prenait souvent les touristes au dépourvu. « Mais c'est l'Afrique, croassaient-ils lorsqu'on les évacuait sur des brancards, en hypothermie. Le mont Kenya enjambe l'équateur ! »

« Regardez Batian, disait son père à ses clients, leur désignant le plus haut des trois pics de la montagne. Que voyez-vous là-haut ? Ces taches blanches. Ce n'est pas pour faire joli. Que vous soyez sur l'Everest ou le mont Kenya, la neige tombe quand des cristaux de glace s'agglutinent dans les nuages et que la température est inférieure à deux degrés Celsius. Il n'existe pas une température pour la neige au Népal et une autre pour la neige au Kenya. »

De sa dernière ascension technique – une de celles durant lesquelles il guidait des alpinistes expérimentés sur la glace et la roche de Batian et Nelion –, il avait rapporté à sa fille un bocal rempli de neige du glacier Lewis. Makena était fascinée par la neige depuis sa plus tendre enfance. Ce n'était plus de la neige quand le bocal était arrivé jusqu'à elle ; la chaleur africaine y avait veillé. Ce n'était qu'un vieux pot de confiture rempli d'eau. Mais Makena savait que ç'avait été de la véritable neige à plus de cinq mille mètres d'altitude. À ses yeux, c'était tout ce qui comptait.

Le pot de confiture était l'un de ses trésors les plus précieux. Elle l'avait posé sur sa table de nuit, à côté d'un petit bouquet de fleurs sauvages séchées, d'un coquetier rempli de cendre volcanique et d'un morceau de bois flotté en forme de léopard bondissant.

Comme le mur d'escalade qu'il avait construit à l'arrière de leur maison, ces objets étaient censés compenser les longues absences de son père. Mais c'était difficile tant pour elle que pour lui. C'est pour ça qu'il lui avait fait une promesse : la prochaine fois qu'il serait en congé, il l'emmènerait pour sa première aventure en montagne.

« Rien que toi et moi, papa ?

– Rien que toi et moi. »

Et enfin, ils étaient en route. Makena se sentait étrangement timide. Elle était contente que son père fasse le plus gros de la conversation. Tout en conduisant, il lui racontait des anecdotes. C'était là qu'il avait récolté du miel et coupé du bois pour subvenir aux besoins de sa mère célibataire et de son demi-frère, et payer son école primaire. C'était là qu'il avait été frappé par une branche enflammée alors qu'il combattait des feux de forêt quand il était pompier volontaire, dans son adolescence.

– C'est la première fois que la montagne m'a remercié.

– Comment ça, papa ?

– Parce que la nature est ainsi, Makena. Comme ta maman. Elle peut te gronder ou te punir parce que tu as mal agi ou parce que tu as été négligente, mais elle te donne aussi les outils pour tout réparer.

Il retroussa la manche de sa chemise et lui montra une cicatrice en forme d'éclair au-dessus de son coude. Elle était une fraction de ton plus claire que la couleur cacao de la peau tout autour.

– Tu vois ça ? C'est presque invisible. Je l'ai soignée moi-même avec du miel de montagne et de l'aloe vera. Le meilleur traitement du monde contre les brûlures.

Le chemin sinueux traversait les couches de végétation de la montagne. D'abord, les forêts luxuriantes de cèdres, de camphriers et d'oliviers, aux branches couvertes de lierre. Elles avaient été en partie décimées par des bûcherons, et cela brisait le cœur de Makena, comme si chaque arbre disparu avait emporté un morceau d'elle. Les tribus de la montagne cultivaient la terre ici, leurs cultures montant chaque année un peu plus haut et s'étendant un peu plus.

Pour chacune de ces tribus, le mont Kenya était sacré. Les Embu l'appelaient *Kirenia*, « la montagne de la Blancheur », et le considéraient comme la maison de Dieu. Beaucoup d'entre eux construisaient leurs maisons de sorte que leur porte lui fît face.

De grands Massaï aux membres acajou, enveloppés dans du tissu rouge, le *shúkà*, faisaient paître leurs troupeaux sur les pentes septentrionales. Quand ils relevaient les yeux du triangle d'ombre que le mont Kenya projetait sur les plaines environnantes, ils le voyaient comme *Ol Donyo Keri*, «la montagne des Rayures».

Mais personne n'était aussi lié à la montagne que les Kikuyu et les Embu, la tribu de son père. Pour eux, c'était un foyer spirituel. Dans la tradition embu et gĩkũyũ, Ngai, l'Être suprême qui donnait la force de vie, vivait sur la montagne depuis qu'il était descendu du ciel. Les Kikuyu appelaient le mont Kenya *Kĩrĩ Nyaga*, «le lieu de repos de Dieu». Ses pics auréolés de neige étaient la couronne de Ngai.

Vu sous cet angle, le pot sur la table de nuit de Makena ne contenait pas simplement de la neige fondue. Il contenait un éclat de la couronne de Dieu.

Ils continuaient de monter. Makena avait tant attendu ce jour qu'elle avait du mal à croire qu'il était arrivé. Le visage appuyé contre la fenêtre froide, elle regardait défiler les bosquets de bambous de montagne qui effleuraient les nuages. À certains endroits, ils atteignaient dix mètres de haut et leurs tiges jaunes étaient si denses qu'elles étouffaient presque toute lumière et tout son. Si un oiseau ou un vent mauvais faisait chuchoter les bambous, ils pouvaient, d'après son père, glacer le sang d'un homme adulte.

Quand la route se termina, ils se garèrent. Makena descendit avec raideur. Pour la première fois depuis qu'elle avait quitté Nairobi, elle put véritablement remplir ses poumons. L'air pur et frais lui fit tourner la tête. L'adrénaline la revigora. Elle avait craint que la réalité de la montagne ne soit pas à la hauteur de son imagination débordante, mais son énergie ancestrale transperçait ses semelles comme une décharge électrique.

Ils s'étaient arrêtés faire des courses dans un supermarché de Nanyuki, et elle avait l'impression que son sac à dos était rempli de pierres. Tant mieux. Son poids la retenait au sol. Dans son état actuel de béatitude, elle risquait de flotter jusqu'au glacier Lewis.

Son père posa une main solide sur son épaule.

– Makena, il est possible que nous croisions des éléphants et des buffles dans la forêt. Tu te souviens de ce que je t'ai appris ? Quelle est la première règle quand on rencontre un éléphant dans la nature ?

– L'éléphant a toujours la priorité.

– Exact. Il en va de même pour les buffles, les zèbres, les serpents et les léopards. Malheureusement, le buffle est un animal très impétueux. Même si tu lui cèdes le passage, il peut se mettre en colère et attaquer. Que dois-tu faire si cela se produit ?

– Je dois jeter mon sac à dos et m'allonger par terre, répondit Makena, essayant de se convaincre que si un buffle de deux tonnes devenu fou fonçait droit sur elle, elle s'aplatirait devant lui.

– Et pourquoi ça ?

– Parce que les Massaï disent que, quand on est plat comme une crêpe, un buffle ne peut pas nous encorner ou nous envoyer valser, à cause de la forme de ses cornes… Tu es sûr que c'est vrai, papa ? Est-ce que quelqu'un a déjà tenté ça et survécu ? Le buffle n'aurait-il pas plutôt tendance à nous écraser avec sa grosse tête ? Il vaudrait peut-être mieux que je grimpe à un arbre. Je suis extrêmement douée pour monter aux arbres.

– Tu es la meilleure grimpeuse à l'arbre du Kenya, ça ne fait aucun doute. S'il y a un arbre à proximité, je te recommanderais de l'escalader. Mais les bons alpinistes ont toujours un plan B. Si un buffle te surprend dans une clairière, dans un endroit sans même un brin d'herbe, que ferais-tu ?

– Oh. Ohhhh. D'accord. Je m'étendrais à plat.

Il sourit.

– Bonne petite. Maintenant, es-tu prête pour la montagne, Makena ?

– Prête, papa.

SIGNES

Makena se réveilla terrifiée, sans savoir où elle était. Elle émergea à grand-peine d'un cauchemar marécageux, sombre et humide, et fendit la surface, aveugle, trempée de sueur. Ses joues aussi étaient humides, comme si elle avait pleuré.

Pendant une minute qui lui sembla durer une année, elle ne vit et n'entendit rien. Petit à petit, heureusement, des sons et des formes se manifestèrent : la musique d'une rivière proche, la courbe du rabat de la tente, ouvert sur les étoiles, et son père dans son sac de couchage, juste à côté d'elle.

Elle lui secoua brusquement le bras. Pas de réponse. Elle le secoua encore. Rien. Retenant son souffle, elle attendit qu'il inspire. En vain. Elle respira encore deux fois et il ne bougea toujours pas.

Il était mort ! Son papa était mort, et elle était seule en pleine nature, proie facile pour les animaux sauvages affamés.

Elle lui prit la main.

– Papa, ne me laisse pas, sanglota-t-elle à moitié.

Il entrouvrit les yeux.

– N'aie pas peur, petite Makena, marmonna-t-il. Les hyènes ne te feront pas de mal tant que je serai là. Elles ne sont pas aussi féroces qu'elles en ont l'air.

Puis il se rendormit, ronflant doucement.

Cela lui suffit. Makena se rallongea, rassurée. Son pouls ralentit. Elle se gronda d'être aussi bête. Aussi puérile. Sa mère ne lui avait-elle pas dit que les cauchemars n'étaient que de la soupe de cerveau ? Des peurs, des idées et des souvenirs tout embrouillés.

Il n'était pas facile de se débarrasser de l'horreur de son rêve. Les détails s'étaient échappés, aussi glissants qu'un serpent mamba, mais son venin noir et asphyxiant palpitait encore dans les veines de Makena.

Elle posa les yeux sur le triangle réconfortant de ciel nocturne. Avant de se coucher, son père avait attaché le rabat pour qu'allongée dans son sac de couchage, Makena puisse voir les étoiles saupoudrées comme de la poudre acidulée sur les rochers noirs et escarpés.

C'était étrange qu'elle fasse de mauvais rêves après l'une des plus belles journées de sa vie. C'était la faute des hyènes. Leur rire l'avait perturbée. Ces ricanements n'avaient rien de drôle. À un moment, Makena mangeait paisiblement son dîner devant le feu de camp ; l'instant suivant, on aurait dit que des morts étaient sortis de leurs tombes.

Au premier cri primitif et sinistre, elle s'était collée contre son père. Il l'avait serrée dans ses bras et lui avait dit que les hyènes ne lui feraient pas de mal tant qu'il serait avec elle. « Elles ne sont pas aussi féroces qu'elles en ont l'air. »

Ça avait marché jusqu'à ce que les gloussements d'autres hyènes invisibles se joignent au chœur. Leur toux et leurs hurlements déments se répercutaient dans la gorge où ils avaient planté leur tente.

Effrayés, les gros damans arboricoles pelucheux avaient répondu par des cris tout aussi terrifiants. Makena voyait des yeux rouges et des silhouettes voûtées cachés dans toutes les ombres mouvantes.

– On ne devrait pas s'abriter dans la tente, papa ? Et si elles se liguent contre nous, comme des loups ?

Son père avait ri, mais sans méchanceté. Il lui préparait une bouillotte rustique – une pierre de la taille d'une brique chauffée près du feu, puis enveloppée dans de la toile de jute.

– Non, Makena, elles ne vont pas s'en prendre à nos truites fraîches et à notre riz au curry. Elles sont trop occupées à se disputer leur propre dîner. Sans doute quelque chose de pourri. Elles préfèrent les carcasses à l'odeur plus... intéressante.

Makena n'était pas convaincue. Elle avait entendu trop d'histoires sur des hyènes se servant de leurs immenses mâchoires pour arracher les bras des gens comme si ce n'étaient que des brindilles.

– Les hyènes du mont Kenya sont intelligentes, avait poursuivi son père. Elles connaissent ce proverbe swahili : « Une hyène lâche vit de nombreuses années. » Ça marche aussi pour les humains.

– Mais ce n'est pas bien d'être lâche, papa. Ça veut dire qu'on est faible et pathétique et qu'on ne peut pas nous faire confiance.

Les yeux de son père avaient pétillé.

– Je vois que tu as sérieusement réfléchi à la question. En grandissant, tu te rendras compte que la vie n'est pas si simple. Parfois, il est sage de se montrer prudent et d'éviter de prendre trop de risques, en particulier quand on a une famille et qu'on veut rester auprès d'elle et prendre soin d'elle pendant longtemps.

– Comme toi ?

– Oui, comme moi.

– Mais tu es courageux, papa. Sinon, tu ne serais pas alpiniste. Si être lâche peut être un signe d'intelligence, est-ce que ça veut dire qu'être courageux est parfois une preuve de stupidité ?

Il avait ri.

– Il est trop tard pour les questions pièges. Voilà tout ce que je sais : si tu te montres courageuse pour une noble cause, parce que tu veux aider autrui ou te battre pour la justice ou sauver une vie – peut-être même ta propre vie –, alors c'est la meilleure chose qui soit. Bon, tout ce bavardage m'a donné soif. Tu vas m'aider à préparer du thé *chai* ou faut-il que je le fasse tout seul ?

Makena se tournait et se retournait dans son sac de couchage. Elle n'arrivait pas à dormir. Son esprit grouillait d'images. Quand elle entendait un bruit dehors, elle essayait de se persuader que c'était un daman des rochers cherchant à manger, et non une hyène à la recherche d'une délicieuse enfant bien croustillante. Elle se rappelait que, jusqu'à maintenant, la montagne avait été son amie.

Au cours de leur marche dans les clairières moussues de la forêt de nuages, cet après-midi, son père et elle n'avaient pas été attaqués par des buffles ou des éléphants en maraude. Loin de là. Les plus grosses créatures sur lesquelles ils avaient posé les yeux avaient été une troupe de colobes, de magnifiques singes, et un duiker, une délicate antilope au poitrail noir.

À cette altitude, la plupart des arbres étaient petits, avec des branches tordues et couvertes de lichen. La seule preuve que des éléphants passaient parfois entre eux avait été une empreinte solitaire. Makena s'était penchée pour en examiner le contour discret, pareil à de la dentelle. Ses propres empreintes de chaussures étaient deux fois plus profondes.

– Mais où sont les autres ? Ça ne peut pas être un éléphant à une patte.

– Elles sont là, si on sait les chercher, mais tu pourrais avoir besoin d'un microscope, lui avait répondu son père. Les géants d'Afrique ont le pied léger. Certaines taupes naines du mont Kenya laissent des traces plus profondes.

Il lui avait montré l'endroit où il s'était cassé la cheville seulement quelques heures après avoir débuté en tant que porteur de montagne.

– Si j'avais fait quelque chose de spectaculaire, ça n'aurait pas été aussi douloureux, mais j'ai juste trébuché sur une touffe d'herbe à éléphant et je suis mal retombé. Les autres porteurs ont failli mourir de rire. Moi, j'ai failli mourir de honte.

Les téléphones portables n'existaient pas, à l'époque, et les émetteurs-récepteurs ne servaient pas à grand-chose dans la montagne. Les clients de l'expédition, de riches hommes d'affaires, avaient insisté pour continuer, et aucun guide ou porteur n'avait pu se libérer pour aider papa. Il avait dû sautiller, ramper et se traîner jusqu'au bas de la montagne pour y attendre de l'aide. La seule chose qui lui avait permis de garder le moral était la tisane qu'il avait préparée à base des fleurs jaunes du millepertuis perforé.

Makena avait entendu cette histoire à de nombreuses reprises, mais voir l'endroit où elle s'était passée la rendait plus réelle.

– Comment se fait-il que tu n'aies pas abandonné et choisi un travail plus facile ? Dompter des lions ou je ne sais quoi. C'est ce que je ferais si je me cassais la cheville dès mon premier jour dans la montagne. Je me dirais que c'est un signe.

– Un signe ? Un signe de quoi ? Que j'étais trop maladroit ou stupide pour être guide de montagne et que je devais abandonner mes rêves ? Non, Makena, l'escalade, c'est comme la vie. On commence lentement. On essaie une voie, et si ça ne marche pas ou si on rencontre des obstacles, on continue de chercher jusqu'à en trouver une autre. Il y a toujours une deuxième chance. Si tu continues de marcher et si tu continues d'essayer, tu finiras par y arriver.

UNE RENCONTRE ENCHANTÉE

Tu es sûre que ça va, Makena ? lui demanda son père pour la troisième fois. Ça fait tellement d'années que tu attends cette journée que je pensais que j'allais devoir t'empêcher de t'envoler dans la montagne comme un ballon à l'hélium. Et pourtant, tu es silencieuse. Tu as réussi à dormir ? Est-ce que tu m'as réveillé parce que tu avais peur des hyènes ou est-ce que j'ai rêvé ?

– Tu as rêvé, papa, mentit Makena. Si j'étais agitée, c'était parce que j'avais un peu froid.

– Seulement un peu ? Alors tu es plus coriace que moi. Les gelées nocturnes sont traîtres. Un professeur célèbre du nom d'Hedberg a dit un jour que, sur les montagnes équatoriales comme le mont

Kenya, ce pouvait être « l'été chaque jour et l'hiver chaque nuit ». Heureusement, ta bouillotte t'a tenu chaud.

– Elle m'a beaucoup aidée. Désolée si je ne parle pas beaucoup, papa. J'essaie de tout absorber pour ne jamais oublier.

Ça, au moins, c'était vrai. La descente raide et boueuse jusqu'à la rivière Kathita était déjà gravée dans sa mémoire. Dans le faisceau de la lampe frontale de son père, les ondulations et les tourbillons avaient brillé d'un noir doré, comme des nappes de pétrole. Le courant avait aspiré ses jambes. Passer d'un rocher glissant à un autre dans l'obscurité à 5 heures du matin avait été effrayant, mais de façon agréable. C'était le genre d'aventure dont elle avait toujours rêvé.

Aux premières lueurs de l'aube, ils étaient passés devant les chalets en bois de Rutundu où le prince William avait demandé sa main à Kate Middleton. Makena essayait de se convaincre que rien de mal ne pouvait arriver dans un endroit où de futures princesses acceptaient des demandes en mariage, mais le mauvais pressentiment qui la tenaillait depuis son cauchemar s'accrochait à elle comme une peau de serpent.

Elle était tentée de simuler une blessure pour mettre un terme dès maintenant à leur expédition. Et si son rêve était prémonitoire ? Mais son père avait choisi ce moment-là pour se tourner vers elle avec un grand sourire.

– Je suis tellement heureux que tu sois ici avec moi, ma fille. J'ai attendu onze ans de partager ma montagne avec toi. Je pensais que ce jour ne viendrait jamais.

Se sentant coupable, Makena avait passé son bras sous le sien et marché avec plus d'enthousiasme sur le sentier rocailleux.

Le soleil levant révélait un paysage de lande d'une beauté à couper le souffle. De la bruyère vert pomme, plus haute que Makena et parsemée de minuscules fleurs roses, tapissait les pentes. Un aigle de Verreaux, le chasseur le plus majestueux de tout le Kenya, tournoyait au-dessus d'eux.

La vue de l'aigle noir calma Makena. Elle tenta

de le suivre du regard. Elle entendait les pas de son père qui crissaient sur le sentier à côté d'elle.

– Mes clients écossais me disent que les landes et les lacs du mont Kenya leur rappellent les Highlands et les lacs de leur pays. Sauf qu'ils ne disent pas lacs. Ils emploient le mot « loch ».

Tout ce que Makena savait sur l'Écosse, c'était que les hommes y portaient des jupes à carreaux et que tout le monde y mangeait du haggis qui, d'après sa mère, était de la panse de vache farcie avec du cœur, du foie et du poumon de mouton et des flocons d'avoine, un plat national très apprécié. Végétarienne, Makena n'était pas pressée de visiter ce pays.

Désormais, elle revoyait son opinion. Si les Highlands écossais ressemblaient à ça, ils ressemblaient au paradis.

Sur le lac Rutundu, une barque les attendait. Makena en agrippa les bords tandis que son père la repoussait du rivage. Le banc en bois était froid sous son pantalon. Des truites jurassiques glissaient dans l'eau claire sous la coque écaillée.

Leur petit déjeuner se composait de sandwichs au beurre de cacahouètes et à la confiture, d'une banane talée et d'une Thermos de thé *chai*. Le lac était si immobile que la barque frémissait à peine sous eux. Ils flottaient dans le reflet de la montagne, un stratovolcan éteint de plus de trois millions d'années.

Son père était dans son élément.

– Mon ambition, c'est d'avoir une vue comme celle-ci quand ta mère et moi prendrons notre retraite. Je n'aime pas beaucoup les grandes villes. Je ne souhaite pas devenir millionnaire. Je veux vieillir en contemplant les montagnes et l'eau.

Makena jeta ses miettes par-dessus bord.

– Quelle est la plus belle montagne, papa ? Le Kilimandjaro ou le mont Kenya ?

Elle connaissait la réponse, mais ne se lassait jamais de l'entendre.

Il ricana.

– Le Kili est une colline géante, facile pour les touristes blancs. Le mont Kenya est une vraie montagne.

– Mais le Kilimandjaro est le plus haut sommet d'Afrique. Il fait presque six mille mètres d'altitude. Le mont Kenya, seulement cinq mille cent quatre-vingt-dix-neuf mètres.

– Oui, mais avant d'entrer en éruption, le cratère originel du mont Kenya culminait à mille mètres de plus, il était alors le plus haut sommet d'Afrique.

Se servant de son sac de couchage comme d'un oreiller, Makena s'allongea et dessina mentalement l'itinéraire qu'ils allaient emprunter jusqu'au lac Alice. C'était une randonnée difficile, mais directe, via la colline de Rutundu. Qu'est-ce qui pourrait clocher ? De quoi son intuition essayait-elle de la prévenir ?

– Est-ce qu'il t'arrive d'avoir peur quand tu es dans la montagne, papa ? As-tu déjà eu peur de mourir ?

– Une fois. Je gravissais le couloir Diamond, un ravin glacé qui fend la face sud-ouest. On commence par huit mètres de roche en saillie, en *dry-tooling*. Le *dry-tooling*, c'est…

– Quand on escalade une paroi rocheuse avec un piolet et des crampons ou des chaussures d'escalade.

Il rit.

– J'oublie toujours que tu es déjà une alpiniste, en théorie. Tout ce qu'il te faut, c'est un peu de pratique. Bref, j'ai passé la partie difficile – la partie en surplomb – sans trop de mal. Mais à mi-hauteur du couloir, un bloc de glace a vêlé. C'est ce qu'on dit quand les séracs se fracturent : ils vêlent. J'ai senti le courant d'air quand il est passé tout près de moi. Si je ne m'étais pas rasé, le sérac s'en serait chargé pour moi. *Hakuna Matata*. Pas de souci. Je suis là pour raconter cette histoire.

– Tu aurais pu mourir, papa !

– Mais je ne suis pas mort. Mon instinct m'avait prévenu que quelque chose clochait dans la montagne ce jour-là. J'étais à l'affût d'un désastre et je me tenais prêt. Chaque alpiniste a ses propres règles et elles doivent devenir une seconde nature. Les ignorer ou les oublier peut vous coûter la vie.

– Quelles sont tes règles, papa ?

– Tu les connais mieux que moi, Makena.

Il les compta quand même sur ses doigts.

– Vérifie toujours trois fois les conditions atmosphériques, tes vêtements et ton équipement avant de partir escalader même la voie la plus facile et la plus familière. Fais tout ce que tu peux pour minimiser les risques. Adopte le rythme de la personne la plus lente de ton groupe. Écoute ton corps et ton esprit. Pour moi, c'est la règle numéro un. Aie confiance en ton intuition.

En proie à une terreur inconnue, sa fille garda le silence derrière lui.

Ils accostèrent à l'autre bout du lac. Son père sortit sa canne à pêche. Makena partit explorer le rivage. Des lys, des herbes et des delphiniums bleus bordaient le sentier. Des proteas aux fleurs jaunes et veloutées lui effleuraient les mains.

Des oiseaux chantaient et voletaient. Les traquets afroalpins étaient si habitués à l'homme qu'ils se poussaient à peine de son chemin. Des nectariniidés parés de couleurs vives buvaient le nectar des glaïeuls. Des étourneaux aux ailes rouges cherchaient des escargots dans les lobélies.

C'était en tout point le paradis que Makena avait imaginé. Elle aurait seulement voulu se sentir mieux pour en profiter plus. Dans un petit moment, son père et elle entameraient l'ascension de deux heures jusqu'au lac Alice et le pic d'Ithangune. Elle avait attendu ce jour pendant si longtemps. Ce n'était pas juste qu'il soit gâché.

À travers les roseaux, elle aperçut une plage étroite. Elle la rejoignit et s'agenouilla sur le sable fin. Mettant ses mains en coupe, elle se lava le visage avec l'eau glacée du lac. Elle se sentit plus vivante. Elle sourit à son reflet.

Un bruissement dans les roseaux lui fit battre le cœur plus vite. Le soleil sur l'eau projetait des éclats de lumière éblouissants. À travers ses cils mouillés, Makena vit une forme doré foncé émerger de la verdure. Un canard ? Une mangouste ?

Ne voulant pas l'effrayer en bougeant, Makena se transforma en statue. Elle retint son souffle. La créature baissa la tête et but.

Makena battit rapidement des paupières et sa vue s'éclaircit. C'était un renard à oreilles de chauve-souris, éclairé par le lac étincelant. On ne pouvait se méprendre, avec sa queue touffue et ses oreilles noires incurvées autour de son museau pointu d'elfe. Sa fourrure marron doré semblait douce comme de la soie. Makena avait envie de tendre la main pour la caresser.

Le renard releva la tête et posa sur elle un regard serein. Il y avait des gouttelettes en diamant dans ses moustaches.

– Tu es là, Makena ? demanda son père en marchant bruyamment entre les roseaux. On ferait mieux d'y aller si on veut atteindre le lac Alice avant que le brouillard tombe entre Batian et Nelion.

Le renard s'enfuit, emportant les ombres. Le bonheur le plus intense que Makena avait jamais éprouvé se déversa sur elle.

– Papa, papa ! s'écria-t-elle en courant sur la berge. Tu ne vas pas le croire. J'ai vu un renard à oreilles de chauve-souris. Il était si proche que j'aurais presque pu le toucher. Il était magique. Complètement magique.

– Un renard près du lac ? Ça m'étonnerait, Makena. Je n'ai jamais entendu parler de renards dans la montagne. Ils ont tendance à vivre en plaine, dans des terriers avec leur famille. C'était peut-être un chacal à dos argenté. Ils se ressemblent, de loin. Ou peut-être une mangouste à queue blanche.

L'espace d'un instant, Makena resta perplexe. Et si ç'avait été un chacal ? Mais non, elle en était sûre et certaine. Le renard scintillant l'avait regardée en face. Il avait banni ses inquiétudes et lui avait rendu sa joie.

– C'était un renard à oreilles de chauve-souris avec des diamants d'eau dans les moustaches. J'en suis sûre à cent pour cent.

Il passa un bras autour de ses épaules.

– Un renard à oreilles de chauve-souris avec des diamants d'eau dans les moustaches ? Si tu dis que tu l'as vu, ça me suffit. Voir, c'est croire, Makena. Voir, c'est croire.

LE GERME DU JUGEMENT DERNIER

On sera de retour dans une semaine. On n'aura pas le temps de te manquer.

La mère de Makena se pencha pour la prendre dans ses bras doux comme du beurre. Elle sentait la crème hydratante et l'amour.

– Sois sage et travaille bien à ta rédaction. Tu as plein de choses à raconter après ton aventure sur le mont Kenya. Et applique-toi pour écrire, s'il te plaît, pas comme quand tu es pressée et qu'on dirait qu'une mouche ivre a fait de la gymnastique sur la page. Et ne lis pas avec une lampe-torche après l'extinction des feux.

Makena l'aida à fermer sa vieille valise. Elle était

déchirée sur un côté, réparée avec du scotch. Son papa et sa maman lui manquaient déjà, mais ç'aurait été égoïste de le dire, alors qu'ils partaient uniquement pour aider sa tante Mary, malade. De toute sa vie, Makena n'avait pas passé une seule nuit sans au moins un de ses parents. À l'école, où la majorité des enfants avait des parents célibataires, divorcés ou pas de parents du tout, elle faisait figure d'exception.

Son père entra dans la chambre en tapotant sa montre.

– Qu'est-ce qui te prend aussi longtemps, Betty ? Samson dit qu'on va rater notre vol. La circulation à Nairobi est vraiment affreuse. On n'a qu'une heure pour arriver à l'aéroport et ça peut facilement en prendre trois.

– *Haraka, haraka, haina baraka,* le taquina sa femme en swahili. Trop de hâte nuit. N'est-ce pas ce que tu me répètes toujours, Kagendo ?

Il rit.

– Les jours ordinaires, c'est ma philosophie. Mais rater l'avion nous nuirait aussi. Ta sœur a besoin de nous. Makena et moi allons charger ta valise dans la voiture. Vérifie que tu as nos passeports et nos billets pour la Sierra Leone.

Chaque fois que Makena pensait au pays de l'Afrique de l'Ouest où vivait sa tante Mary – ce qui, pour être honnête, n'arrivait pas souvent –, elle imaginait des fleuves rugissants, couleur café, dans lesquels des diamants flottaient, tels des poissons scintillants. Pendant la longue guerre civile, des enfants de son âge et même plus jeunes avaient été arrachés à leurs familles, puis s'étaient retrouvés avec une arme automatique entre les mains et envoyés dans la jungle afin de se battre pour ces pierres précieuses.

Ces diamants « de sang » avaient ensuite été vendus à des riches dans des pays lointains où, ironiquement, ils symbolisaient l'amour éternel. Certaines femmes portaient des diamants de sang toute leur vie sans même prendre le temps de réfléchir aux enfants au regard vide qui avaient crapahuté dans la boue, s'y étaient battus et étaient morts pour eux.

La guerre s'était terminée en 2002. Ces six dernières années, la capitale de la Sierra Leone,

Freetown, avait été le lieu de résidence de Mary, la sœur de Betty, travailleuse humanitaire dans une organisation qui fournissait de l'eau potable aux villages.

Du moins, c'était ce qu'elle faisait habituellement. Une semaine plus tôt, elle avait contracté la malaria dans une zone rurale éloignée. Il avait été difficile de l'emmener chez le médecin et, maintenant, la situation était grave. Les Tours du nouvel équateur avaient accordé au père de Makena un congé d'urgence, et un professeur remplaçant se chargerait des cours de sa mère. Ils voulaient trouver à tante Mary le meilleur traitement possible en Sierra Leone puis la ramener se rétablir au Kenya.

Makena avait du mal à assimiler la tournure subite des événements. Deux jours plus tôt, elle s'était trouvée sur le toit du monde. Bon, peut-être pas sur le toit, mais certainement au deuxième ou troisième étage de la maison montagneuse de Ngai. Debout sur le pic d'Ithangune, elle avait planté un drapeau composé d'un bâton et d'un T-shirt rouge froissé.

D'habitude, les alpinistes plantaient un drapeau quand ils atteignaient un sommet, mais même le Point Lenana, le sommet le plus accessible du mont Kenya, nécessitait une acclimatation et cinq jours de voyage aller-retour – ce qui n'était pas possible pour Makena.

– La prochaine fois, lui avait promis son père.

Ça n'avait pas d'importance. Makena était contente. En marchant jusqu'au lac Alice, elle avait profité d'une vue normalement réservée aux aigles de Verreaux sur la vallée du Rift, aux plaines parsemées de zèbres, de gnous et de girafes. Elle avait vu les pics blancs et luisants de Batian et Nelion, et avait approché un renard de près.

Cette parenthèse enchantée s'était refermée dès qu'ils étaient descendus de la montagne et que le premier message urgent était apparu sur le téléphone de son père. Pour éviter le mal des montagnes, ils n'avaient pas eu d'autre choix que de passer une nuit à Nanyuki avant de rejoindre Nairobi en toute hâte le lendemain matin.

Et maintenant, Baba la précédait dans la rue,

valise à la main. Le sac à dos de Makena était bourré des vêtements et des livres dont elle aurait besoin ces sept prochains jours.

– Plutôt six et demi, avait fait remarquer sa mère. Même pas une semaine.

Après avoir rangé la valise dans la voiture d'oncle Samson, son père sortit une photo de sa poche. On le voyait suspendu à un mur de glace par le bout des doigts. Il arborait un énorme sourire.

– Un client me l'a envoyée. Tu peux la garder. Ne la montre pas à ta mère. Ça l'angoisserait.

– Oui, tu ferais mieux de ne pas la lui montrer, ou elle te forcera à devenir comptable, rétorqua sa femme, qui l'avait entendu.

– Ce n'est pas vrai, riposta Makena. Ça te plaît qu'il soit héroïque.

Sa mère rit.

– Je ne devrais pas l'admettre, mais tu as raison.

– Vous allez être en retard à l'aéroport, grommela M. Chivero. Si je conduisais comme Lewis Hamilton, ce ne serait pas un problème, mais Nairobi est tellement engorgée qu'on ne peut pas dépasser la vitesse d'un vélo avec un pneu dégonflé. À moins d'être un taxi fou *matatu*. Auquel cas tout est possible. Si quelqu'un se met sur votre passage, vous n'avez qu'à vous en servir de rampe, comme 007 dans les films de James Bond.

– Détends-toi, mon cher. La personne qui vient chercher Makena sera là d'une minute à l'autre et on pourra y aller. Makena, tu as pris ta brosse à dents ?

– Non, maman. Je vais me servir de brindilles et de feuilles.

– Ne fais pas ta maligne.

– Désolée, mais tu t'inquiètes trop.

– C'est ce que font les mères. Elles s'inquiètent.

Une voiture s'arrêta. En sortit la collègue de sa mère, Shani. C'était une professeure de maths kenyane, mariée à un Chinois qui possédait une entreprise d'informatique. Ils avaient quatre enfants – un bébé, un bambin et des jumeaux de onze ans superintelligents, Li et Leo. C'était la famille la plus débordée que Makena connaissait. Chaque heure de libre était consacrée à courir entre les leçons de *wing chun*, de mandarin et de piano. Cependant, ils étaient très gentils, et Li et Makena partageaient le même amour pour la lecture.

– Salue ta sœur de ma part, dit Shani à Betty. J'espère qu'elle guérira vite. Tu es sûre qu'elle a la malaria, et pas le germe du Jugement dernier ? C'est comme ça qu'ils l'appelaient aux infos ce matin.

– C'est quoi le germe du Jugement dernier ? demanda Makena.

Sa mère la serra contre elle. Makena voyait bien qu'elle en voulait à Shani d'en avoir parlé.

– Si tu parles du virus Ebola, Shani, alors non, ce n'est pas ce dont souffre Mary. Ils lui ont diagnostiqué la malaria. Il y a une petite épidémie d'Ebola à la frontière avec la Guinée, mais elle est contenue. On sera à plusieurs centaines de kilomètres de là, près de Kenema. Dès que ma sœur sera suffisamment en forme pour voyager, on reviendra à Nairobi – peut-être même avant dimanche.

Son mari s'approcha.

– Betty, on doit y aller.

Il tira affectueusement sur les tresses de Makena.

– À plus tard, Balthazar.

– À la prochaine, Germaine.

– *Nakupenda!* Je t'aime, dit sa mère en prenant le visage de Makena entre ses deux mains pour lui embrasser le bout du nez.

– Je t'aime aussi. Faites un câlin à tante Mary de ma part. Je prierai pour elle.

Shani ouvrit la portière, et Makena se glissa entre les jumeaux.

– Hé! regarde ce que j'ai, lança Li en lui fourrant un roman policier dans les mains. C'est le dernier de la série.

Alors que Shani démarrait la voiture et s'engageait sur la chaussée, Makena s'absorba dans la lecture du texte de présentation sur la couverture. C'est ce qui la hanterait plus tard. Elle n'avait pas jeté un seul regard en arrière.

UN MAUVAIS NUMÉRO

Pourquoi on ne peut pas regarder la télé ? geignit Leo. On regarde toujours la télé, le samedi.

– Parce qu'on a une invitée, répondit son père. Ce n'est pas poli. Pourquoi tu ne jouerais pas à un jeu de société avec ta sœur et Makena ? Au Scrabble ou au Monopoly ?

– Parce que ce sont des jeux barbants pour personnes âgées. Pourquoi je ne peux pas jouer à Minecraft ou aller sur Internet ?

– Où sont passées tes bonnes manières ? Je t'ai répété dix fois qu'il y a une panne d'Internet. On attend le réparateur. Il ne pourra venir que la semaine prochaine.

– Tu travailles dans l'informatique. Tu ne peux pas faire quelque chose ?

– Je ne travaille pas pour le fournisseur d'Internet. Je ne peux pas réparer un câble sous la rue. Pourquoi tu ne peux pas laisser tomber ? On dirait un chien avec un os.

– Parce que je t'ai vu surfer sur Internet tout à l'heure.

– C'était une vidéo que j'avais déjà téléchargée. Et puis tu ne devrais pas être aussi fouineur. Va chercher le livre de Sudoku. Au moins, tu feras travailler ton cerveau. Quand j'avais ton âge, ma mère me disait toujours : « Les fleurs écloront peut-être toujours, mais tu n'auras plus jamais l'occasion d'être jeune. » Ne perds pas ton temps.

Assise, silencieuse, Makena faisait semblant de lire. Elle avait mal au ventre. Quelque chose ne tournait pas rond. Elle aussi avait vu M. Ting sur Internet et elle savait sans le moindre doute qu'il n'y avait pas de panne. Il avait brusquement fermé son ordinateur portable quand elle était passée à côté de lui, mais elle avait eu le temps d'apercevoir les premières images d'un site d'informations montrant des hommes en combinaison anticontamination blanches et portant des masques. Ils aspergeaient la hutte d'une femme comateuse enveloppée dans des couvertures, en Guinée, sur la côte ouest de l'Afrique.

Les parents de Makena se trouvaient à des centaines de kilomètres de là, en sécurité en Sierra Leone. S'il n'y avait aucune raison de s'inquiéter, pourquoi Shani et M. Ting se comportaient-ils aussi bizarrement ?

Ses parents lui avaient envoyé deux messages. L'un pour dire qu'ils étaient arrivés à Freetown et un deuxième pour l'informer qu'ils étaient près de Kenema avec tante Mary, dont l'état était plus grave qu'ils ne l'avaient craint. Cinq longues journées s'étaient écoulées depuis. Makena ne s'était pas attendue à avoir souvent de leurs nouvelles. Téléphoner de la Sierra Leone coûtait cher et le réseau n'était pas fiable. Mais ça ne l'empêchait pas de se languir d'eux.

Li et Leo se chamaillaient à propos du Sudoku. Makena lisait le même paragraphe encore et encore, priant pour que les heures filent et que ses parents rentrent dimanche à la maison par l'avion de 5 h 40 du matin. Quand le téléphone de Shani sonna, son pouls s'accéléra sous l'effet de l'espoir. Shani décrocha et quitta la pièce avant de répondre.

Elle s'absenta un long moment. Makena sentait ses nerfs vibrer sous sa peau. Les jumeaux se disputaient, et le bambin démolissait un château en Lego avec une épée en plastique. Elle espérait que c'était sa mère qui appelait.

Une bribe de conversation lui parvint.

– N'ajoute pas ça à tes soucis. Makena est heureuse et s'amuse beaucoup avec Li.

Makena piqua un sprint dans le couloir et s'arrêta dans l'entrée dans une glissade, en chaussettes, se cognant le genou contre une table.

– C'est maman, tante Shani ? Il faut que je lui parle. S'il vous plaît, je dois lui parler.

Shani tendit son téléphone pour lui montrer que l'appel était terminé.

– Désolée, Makena. Le téléphone de ta mère n'avait plus de crédit. Elle a raccroché.

Makena la dévisageait, accablée, des larmes

de colère plein les yeux. Elle avait envie de hurler contre Shani parce qu'elle avait gaspillé tout le temps de communication de sa mère alors que c'était elle, Makena, qui voulait tellement lui parler.

Mais avant qu'elle puisse dire quoi que ce soit, Shani la fit asseoir et lui expliqua d'une voix douce qu'elle avait de mauvaises nouvelles. Tante Mary était morte. Il fallait organiser son enterrement. Ses parents resteraient une semaine de plus en Sierra Leone.

Makena était triste pour sa tante et particulièrement pour sa mère, mais elle avait du mal à accepter l'idée qu'elle devrait encore attendre sept jours avant de revoir ses parents.

– Alors ils vont revenir le 20 ?

– Ou le 21. Ça dépend du vol qu'ils pourront trouver. Ta maman voulait te parler, mais son téléphone a commencé à biper et la communication a été coupée. Elle m'a demandé de te dire qu'elle t'aime et que tu lui manques. On pourra peut-être essayer de la rappeler dans deux jours. De toute manière, il vaut mieux que tu lui parles une autre fois, quand elle sera moins bouleversée et quand elle n'aura plus mal au crâne. Elle a beaucoup de soucis.

À l'aube du 20, le cauchemar que Makena avait fait sur le mont Kenya revint. Elle était prise dans les anneaux d'un énorme serpent. Il la serrait, l'étouffait.

Elle se réveilla entortillée dans ses couvertures, haletante. Li, dont elle partageait la chambre, se tenait penché au-dessus d'elle.

– Tu es malade, Makena ? Tu gémissais et tu es très chaude. Tu veux que j'aille chercher maman ?

La dernière chose que souhaitait Makena, c'était que Shani s'affole, alors elle sourit, inventa une excuse et fit semblant de se rendormir.

Bientôt, l'attente serait terminée. Ses parents devaient rentrer à la maison dans vingt-quatre heures. La vie reprendrait son cours normal. À part quand son père gravirait des montagnes et quand sa mère enseignerait la science, Makena n'avait plus l'intention de les quitter des yeux.

La journée à l'école fut une torture. Les aiguilles de l'horloge fissurée de sa classe avançaient avec une telle lenteur que Makena était convaincue que le temps reculait.

Après le basket, cet après-midi-là, elle se précipita jusqu'au portail du collège pour attendre Shani et Li. Elle allait supplier les Ting de la conduire à l'aéroport dès ce soir pour être sur place quand le vol de ses parents arriverait, à 5 h 40 le lendemain matin.

Alors qu'elle faisait les cent pas, elle aperçut un exemplaire du journal le *Daily Nation* sur la chaise de l'agent de sécurité. La première page hurlait : EBOLA HORS DE CONTRÔLE. Sur la photo, on voyait des villageois en train de se laver les mains sous un panneau rouge annonçant : EBOLA TUE !

L'agent lui tournait le dos. Il avait passé la tête à l'intérieur d'une voiture arrêtée devant le portail et écrivait sur son bloc-notes. Makena s'empara du journal et se cacha derrière la cabine. Elle tourna les pages, de plus en plus horrifiée. Sur une photographie, on voyait un tableau noir, planté dans la cour d'une maison crasseuse. Quelqu'un y avait griffonné :

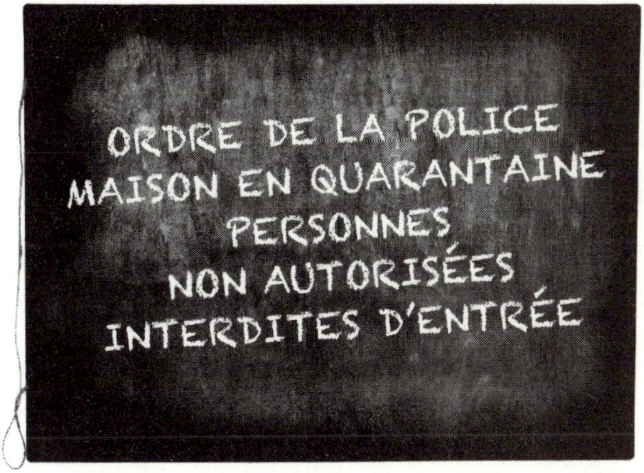

Personne sur la photo ne prêtait la moindre attention au panneau. Des poulets picoraient sur la terre rouge. Un bambin se prélassait près d'une bassine pleine d'eau savonneuse sous la véranda. Sa mère étendait du linge sur une corde comme si c'était un jour ordinaire. Comme si on ne lui avait pas interdit d'entrer dans sa propre maison, où un ami, un voisin ou un parent y était mort d'une maladie redoutable.

Des membres des services de santé vêtus d'une combinaison anticontamination blanche et gonflée et de gants turquoise remontant jusqu'aux coudes portaient un cadavre enveloppé dans un linceul sur un brancard. Des douzaines de fosses communes creusées à la va-vite s'étiraient parmi les palmiers, dans ce que le journaliste appelait l'« épicentre de l'épidémie d'Ebola » : Koindu, dans l'est de la Sierra Leone.

Le souffle de Makena lui brûlait la gorge. Si le virus était en Sierra Leone désormais, cela signifiait qu'il avait traversé la frontière de la Guinée et se propageait comme le feu dans les mangroves et les forêts de bois de fer rouges. Ses parents et tante Mary s'étaient trouvés sur sa route.

Sous la photo, on pouvait lire un encadré donnant des informations sur Ebola.

EBOLA : fièvre hémorragique virale causant des saignements internes et externes.

TRANSMIS PAR : les chauves-souris, les singes et les fluides corporels.

SYMPTÔMES : ils apparaissent de deux jours à trois semaines après la contamination.

SIGNES À SURVEILLER : fièvre, mal de gorge, douleurs musculaires, maux de tête.

FATAL DANS 50 % DES CAS.

Elle jeta le journal par terre. Sa mère avait mal à la tête quand elle avait téléphoné. Makena tituba jusqu'à la route. L'agent de sécurité la rattrapa alors qu'elle s'évanouissait. Lorsqu'elle reprit connaissance, Shani pressait un chiffon humide sur son front.

– C'est trop pour toi, tout ça, ma petite. La première fois sans ton papa et ta maman. J'espère pour notre bien à tous qu'ils seront de retour demain matin.

À la maison, Shani installa Makena sur le canapé, les pieds surélevés, enveloppée dans une couverture. Les Ting avaient prévu un barbecue d'adieu dans le jardin pour Makena, mais elle n'était pas en état de manger ou de faire la fête.

– Tu dois avaler un petit quelque chose pour prendre des forces, dit Shani, qui ne savait pas que sa jeune invitée avait lu le journal, mais qui comprenait qu'elle avait désespérément besoin d'affection. Dès que les brochettes de légumes seront prêtes, je t'en apporterai. Après avoir mangé, on regardera un DVD tous ensemble. Choisis un film que tu aimes. Plus vite que tu ne le penses, ce sera le matin et tes parents seront là.

Makena attendit que toute la famille soit dans le jardin avant de repousser la couverture et de filer dans l'entrée, où Shani laissait habituellement son téléphone portable. Elle se fichait de combien ça coûterait ou des ennuis qu'elle pourrait s'attirer : elle allait appeler sa mère. Elle voulait s'assurer que ses parents prendraient bien l'avion ce soir-là.

On répondit à la quatrième sonnerie. À sa grande

surprise, elle entendit de la musique bruyante en fond sonore. On aurait dit qu'il y avait une fête.

– Maman ?

Un rire masculin retentit au bout du fil. Un rire légèrement nerveux.

– MAMAN ? *Pikin*, il n'y a pas de mamans ici. On est dans un bar. Tu as fait un faux numéro.

Makena composa de nouveau le numéro de sa mère. Cette fois, le téléphone ne sonna qu'une fois.

– Je te l'ai dit, *Pikin*, faux numéro.

Makena retrouva sa langue.

– Ce n'est pas un faux numéro. Je le connais par cœur. Comment avez-vous eu ce téléphone ? Vous l'avez volé ? Où est ma mère ?

– Qui est-ce que tu traites de *tifman* ? demanda l'homme en krio. Tu crois que je veux des ennuis avec la police ? J'ai payé trois semaines de courses pour... Attends. D'où tu appelles ? Du Kenya ? *KWAME*, C'EST UNE URGENCE. ÉTEINS LA MUSIQUE. Allez, *padi no do*.

Bob Marley se tut brusquement. Les rires s'évanouirent. Lorsque l'homme reprit la parole, le ton de sa voix avait changé.

– Je te demande pardon, *Pikin*. Ce téléphone, je l'ai acheté sur le marché de Kenema. Tu dis qu'il était à ta maman ? Je suis désolé, mais tous ces appareils, ce sont ceux des morts. Ebola, mon pote, il tue tout le monde. Si ce marchand avait le téléphone de ta maman, c'est qu'elle est partie, *Pikin*. Morte.

– Taisez-vous ! hurla Makena, à la fois glacée et bouillante. Je suis désolée pour les gens qui sont morts, mais ils n'ont rien à voir avec ma mère et moi. Je me suis trompée. J'ai appelé un mauvais numéro. C'est un MAUVAIS NUMÉRO.

Puis Shani lui arracha le téléphone des mains et la serra contre elle, et il n'y eut plus personne au bout du fil. Et Makena sut, avec une certitude écrasante, qu'il n'y aurait plus jamais personne.

BRISÉE

Voici la maison, dit Shani. Elle a l'air… agréable. J'aime bien ce qu'ils ont fait avec les tournesols. Ça te fera du bien d'être de nouveau en famille, Makena.

Makena ne répondit pas. Certains jours, presque tous les jours, parler lui demandait trop d'efforts. Comme aujourd'hui.

Samson Chivero avait insisté pour les conduire. Il attendit qu'un camion soit passé à toute vitesse, crachotant de la fumée noire et de la poussière, avant de se garer devant une maison rose avec une porte bleue. La peinture semblait aussi sèche que les champs qu'ils avaient vus sur la route qui les menait à Isiolo, dans le nord du pays ravagé par la sécheresse. Néanmoins, on avait tenté de créer un petit jardin devant. Un carré de pelouse assoiffée et un parterre de géraniums écarlates. Deux chèvres essayaient de les brouter à travers le grillage. Un tunnel de tournesols têtes basses bordait l'allée en béton.

Ils frappèrent deux fois avant que la porte ne s'ouvre à toute volée. Une femme en robe rose moulante apparut. Elle portait un bébé sur sa hanche et était extrêmement séduisante, dans un genre dur et provocant. Makena se rappelait avoir entendu son père confier à sa mère que, quand il était jeune, son demi-frère Edwin s'était toujours attiré des ennuis. Il ne s'était calmé qu'après avoir déménagé à Isiolo et être devenu un mécanicien respecté.

– Et puis il a épousé la plus belle femme de la région et s'est attiré tout un tas d'autres ennuis.

L'espace d'un instant, sa tante parut avoir oublié qu'ils devaient venir. Puis elle attrapa Makena avec ses ongles vernis et l'écrasa contre sa poitrine.

– Pauvre, pauvre enfant. Priscilla va bien s'occuper de toi.

Makena s'écarta à la première occasion. À en

juger par l'odeur, la couche du bébé avait besoin d'être changée.

– Vous avez raté Edwin. Une urgence au garage. Sans doute une bougie à remplacer, ajouta-t-elle en remuant la main avec dédain. Les hommes !

À l'intérieur, il y avait d'autres enfants : un garçon de cinq ans et une fille de sept ans. Ils partageaient tous une pièce à peine assez grande pour contenir un lit superposé étroit et le lit du bébé.

Shani plissa le front.

– Et Makena... ?

– Ça va être dur, mais on se débrouillera, soupira Priscilla. Au début, elle devra dormir sur le canapé ou tête-bêche avec ma fille. Ensuite, si Dieu le veut, nous trouverons de l'argent pour terminer l'agrandissement de la maison.

Elle désignait la porte de derrière, ouverte dans son dos. Ils virent quatre murs en parpaings couronnés de câbles et de mauvaises herbes.

– Il ne manque que du plâtre, de la peinture et un toit, et alors Makena aura sa chambre à elle.

– Et l'école ? demanda Shani alors qu'ils

prenaient le thé. Makena a déjà beaucoup manqué. Cela fait six semaines que ses parents... que... Vous savez, ç'a été difficile. On a essayé de l'envoyer dans son école, mais elle ne l'a pas supporté. Trop de souvenirs. Un changement ne pourra que te faire du bien, tu ne penses pas, Makena ? De nouveaux amis, de nouveaux professeurs...

Makena n'avait pas parlé depuis qu'elle était descendue de voiture et elle ne disait toujours rien. Qu'est-ce que ça pourrait bien changer ? Bientôt, Shani et Samson s'en iraient, la laissant avec ces inconnus. Elle n'avait vu Edwin que de rares fois et se rappelait un homme grand, dégingandé et charmeur. Mais elle le connaissait à peine.

À ce qu'elle en avait entendu, on ne pouvait pas compter sur lui. « Fuyant comme de l'eau » était l'expression que sa mère avait souvent employée à son sujet.

Shani parlait encore de l'école, comme si ça avait la moindre importance.

– Makena est tellement intelligente et douée. Elle était la meilleure de son année en anglais et en sciences. Sa mère espérait qu'elle irait un jour à l'université.

– Le problème, c'est qu'on a maintenant une bouche de plus à nourrir, répondit Priscilla. Ça va être compliqué mais, bien sûr, nous ferons de notre mieux pour Makena. Il y a une école de première catégorie à Isiolo, qui accueille des élèves jusqu'à l'âge de dix-huit ans. Mais il faudrait acheter des uniformes, des livres, des cahiers d'exercices, des stylos, des chaussures, des chapeaux, des tenues et des chaussures de sport, une raquette de tennis, des affaires de natation, de basket… La liste est longue. Si un jour nous avons de l'argent, nous l'y enverrons. En attendant, elle ira à l'école du coin. Il n'y a que deux professeurs pour tous les niveaux, mais que voulez-vous ?

Oncle Samson se racla la gorge.

– Je peux aider. Pas moi personnellement, mais la compagnie les Tours du nouvel équateur. La disparition du père de Makena, notre meilleur guide, nous a brisé le cœur. Nous avons voulu aider sa fille. Notre directeur a organisé une vente aux enchères caritative, et les gens ont été très généreux. Nous souhaitions vous faire un virement, mais nous ne connaissions pas vos coordonnées bancaires. (Il tapota la poche de sa veste.) Je l'ai en liquide. Ça devrait payer une année dans la bonne école et un bon nombre des choses que vous avez évoquées. Les uniformes et le reste. Peut-être même la peinture et le toit pour la nouvelle chambre de Makena. L'année prochaine, nous réessaierons de collecter des fonds pour assurer son éducation jusqu'au lycée. Nous serons ravis de faire ça pour Makena.

Il sortit la plus grosse liasse de billets que Makena avait jamais vue. Priscilla lui décocha un sourire radieux. Oncle Samson écarquilla les yeux quand elle la glissa dans son soutien-gorge.

– Voilà qui va tout changer. Quand quelqu'un a de l'argent, le monde lui appartient.

Ils se dirigèrent vers la voiture. Oncle Samson avait posé le sac à dos et la valise de Makena dans la chambre des enfants. Ils contenaient toutes ses possessions – des vêtements récupérés par Shani dans son ancienne maison, quelques autres, neufs, et du shampoing, du savon et du dentifrice. Li lui avait gentiment donné trois nouveaux livres, achetés avec son argent de poche.

– J'aurais aimé que Makena puisse rester avec nous pour toujours, dit Shani. Après six semaines, elle fait partie de la famille. Mais nous avons quatre enfants et l'entreprise de mon mari connaît des difficultés.

– Ne vous en faites pas, dit Priscilla, tout sourire maintenant que son soutien-gorge avait gagné à la loterie. Makena est entre de bonnes mains.

Comme oncle Samson, Shani avait les larmes aux yeux quand elle serra Makena dans ses bras pour lui dire au revoir.

– Tu sais où nous trouver si tu as besoin de quoi que ce soit.

Le 4x4 s'éloignait quand il s'arrêta brusquement, dans un crissement de freins. Shani sortit la tête par la fenêtre.

– Priscilla, j'ai failli oublier de vous prévenir que Makena est végétarienne.

– Végé-quoi ?

– Végétarienne. Elle ne mange que des légumes, du riz, des haricots, des fruits et de l'*ugali*[1]. Pas de viande, pas même du poulet ou du bouillon de bœuf. Elle aime les animaux, voyez-vous. Parfois, elle mange un peu de poisson.

Le sourire de Priscilla disparut.

– On verra ce qu'on peut faire. Le problème, c'est le prix des fruits et légumes. Ils sont montés en flèche à cause de la sécheresse.

Makena vit Shani ravaler un commentaire. Elle ouvrit son sac à main et donna tout son liquide à la femme.

– Est-ce que ça suffira ?

– Pour l'instant, ronronna Priscilla.

Makena aurait voulu se faufiler dans un trou de souris. Puisque c'était impossible, elle se força à sourire et agita la main pour dire au revoir à ses amis. Quelques secondes plus tard, la poussière les avait avalés.

Priscilla la prit par la main. Ses ongles s'enfoncèrent dans sa paume.

---

1. Farine cuite à l'eau et façonnée en boule (NdT).

– Viens, ma chérie, montre-nous ce que tu as dans ta valise. Tu ne peux pas tout garder pour toi. Dans cette famille, on aime partager. Il n'y a pas de princesses, ici. Tu devras donner un coup de main, comme tout le monde. Comment tu te débrouilles avec les bébés ? Ma plus jeune a besoin qu'on lui change sa couche.

ARAIGNÉE ENDORMIE

Dans le salon des Ting, une magnifique tapisserie en soie représentait un héron surveillant des carpes koï dans un lac. Des montagnes déchiquetées, des arbres fouettés par le vent et des buissons tordus se reflétaient dans l'eau. Il fallait regarder très attentivement pour remarquer un tigre caché dans les feuillages, prêt à bondir sur le malheureux héron.

Cette tapisserie faisait la fierté de M. Ting. Il avait traduit les caractères chinois pour Makena : « Les événements à venir projettent leur ombre devant eux. »

Chaque fois que Makena parvenait à faire fonctionner son cerveau fatigué, ce qui, ces jours-ci, n'arrivait pas souvent, elle se demandait si elle aurait pu prévoir les événements tragiques de sa vie. Y avait-il eu des signes ?

Peut-être que le cauchemar sur le mont Kenya était prémonitoire, tout compte fait. Elle aurait dû écouter son instinct et prévenir papa et maman qu'une chose affreuse se préparait.

S'ils avaient refusé de la prendre au sérieux, elle aurait pu feindre une gastro-entérite pour leur faire rater l'avion, ou quelque chose comme ça. S'ils en avaient pris un plus tard, un jour ou deux en plus auraient pu leur permettre de regarder les infos et d'apprendre qu'Ebola avait pointé le bout de son nez immonde dans certaines régions de la Sierra Leone et était devenu une épidémie. Ils auraient appris que nombre des patients à qui l'on avait diagnostiqué la malaria devaient en réalité leur fièvre au germe du Jugement dernier.

Seraient-ils partis quand même ? « Si tu fais preuve de courage pour une noble cause, parce que tu veux aider autrui ou te battre pour la justice ou sauver une vie – peut-être même ta propre vie – alors, c'est la meilleure chose qui soit », lui avait dit papa.

Entrer dans une zone contaminée pour sauver une vie, était-ce du courage noble ou stupide ? Makena l'ignorait. Elle savait, en revanche que si ses parents n'étaient pas allés en Sierra Leone pour tenter de sauver tante Mary, celle-ci aurait souffert et serait morte toute seule. Makena n'aurait souhaité cela à personne, et encore moins à sa tante, qui avait consacré sa vie à aider les autres.

Makena n'était pas seule, mais elle se sentait seule, ce qui revenait au même. La plupart du temps, elle aurait voulu être morte, elle aussi. Comme ça, elle serait avec son papa et sa maman, et pas à Isiolo, assise sur une marche fissurée sous un ciel morne, à regarder une mouche marcher sur sa jambe.

Elle la chassa sans grande conviction, mais elle revint cinq secondes plus tard, et Makena n'avait plus l'énergie de la faire fuir. Néanmoins, elle retendit la moustiquaire au-dessus du berceau du bébé. Lorsque ce dernier s'agitait, elle lui chantait un negro spiritual, sa berceuse préférée quand elle était petite. Les paroles étaient déchirantes, mais la voix magnifique de sa mère les avait largement sublimées.

Ô, Seigneur, parfois je me sens comme un enfant sans mère,

Loin, loin de chez lui.

Makena était à la moitié de la chanson lorsqu'elle se rendit compte que ses paroles s'appliquaient désormais à sa situation. C'était elle, l'enfant sans mère, loin, loin de chez elle, comme les esclaves qui l'avaient autrefois chantée en Amérique avaient été loin de tout ce qu'ils connaissaient et aimaient en Afrique. Les mots moururent dans sa gorge, mais elle ne pleura pas. Pendant quelques instants bénis, elle avait senti la présence de sa mère et entendu sa voix sublime. Elle vivait dans la peur d'oublier. Elle avait la photo de son père, piolet à la main, souriant alors qu'il était suspendu à une paroi rocheuse ; de sa mère, il ne lui restait que des souvenirs.

Le bébé gémit, la ramenant au présent. Makena scruta avec espoir la rue pleine de nids-de-poule. Priscilla aurait dû revenir il y avait déjà plus d'une heure.

Elle sortit un mouchoir en papier de sa poche et se moucha avec force. Le rhume que lui avaient transmis les enfants empirait. Elle avait passé la moitié de la nuit éveillée à force de tousser.

Elle avait du mal à croire que presque quatre mois s'étaient écoulés depuis le soir où elle avait téléphoné en Sierra Leone. Elle avait l'impression qu'une vie entière s'était déroulée depuis. Une condamnation à perpétuité. Le temps passait à la vitesse d'une très vieille grand-mère, marqué seulement par les ombres tournantes des tournesols ou les plaintes du bébé exigeant d'être changé et nourri.

L'école de « première catégorie » ne s'était jamais concrétisée. « Il n'y a pas assez d'argent », voilà tout ce que Priscilla avait dit à ce sujet. « À peine de l'argent de poche », avait-elle ajouté d'un ton méprisant.

Makena avait remarqué que cet « argent de poche » avait au moins servi à pourvoir Priscilla en robes chics, bijoux et sacs à main assortis. Tous les jours, elle sortait d'un air hautain, vêtue de ses plus beaux atours, quand une voiture sombre et brillante, conduite par un homme sombre et brillant, venait la chercher pour un long déjeuner. À son retour, les vêtements et les colliers retrouvaient leur place dans une boîte sous son grand lit.

Quand les enfants de Priscilla rentraient de l'école et son mari du travail, elle avait de nouveau enfilé l'une de ses trois tenues, la robe rose vif ou une autre toute simple à carreaux orange et blancs. Elle avait aussi une tenue sage, composée d'une jupe et d'un haut noir et crème, avec un chapeau crème assorti, qu'elle portait le dimanche quand sa famille se rendait à l'église du Royaume du Feu.

Makena les avait accompagnés une fois. À Nairobi, ses parents se rendaient au temple de façon irrégulière. À la chapelle qu'ils fréquentaient quand son père n'était pas en voyage, les sermons étaient mesurés et évoquaient un gentil berger, et on vous y proposait des petits pains aux raisins pour le thé.

Le Royaume du Feu était spectaculaire, tant par sa taille que par les émotions qu'on y ressentait. De grands chaudrons d'*ugali* et de ragoût fumaient à l'entrée. La foule venait de loin pour s'attrouper dans un vieil entrepôt et faire exploser le toit de ses prières et de ses chants. Au plus fort du sermon, un amour de force 8 semblait balayer les lieux. Pendant un très bref instant, Makena s'était autorisée à se laisser emporter, et puis elle s'était souvenue que, si Dieu s'était réellement préoccupé d'elle, il ne lui aurait pas arraché son père, sa mère et sa tante Mary. Elle avait refusé d'y retourner.

Priscilla, qui préférait de toute façon qu'elle reste à la maison avec le bébé, avait dit à oncle Edwin que Makena était trop traumatisée pour aller à l'église ou à l'école.

– Quand elle ira mieux, si Dieu le veut, elle rattrapera son retard en classe. D'ici là, nous devons nous montrer patients. Qu'est-ce que ça peut faire, si elle doit redoubler ?

Et Edwin, qui considérait sa femme comme un mélange providentiel de reine de beauté et de Mère Teresa, s'était contenté de sourire et de répondre vaguement :

– Très sage, très sage. Oui, on se préoccupera de l'école quand elle ira mieux.

Makena n'était pas pressée. Priscilla divisait le monde en deux types de personnes : celles dont on pouvait se servir et celles qui représentaient une menace. Shani, oncle Edwin et oncle Samson appartenaient à la première catégorie. Pour des raisons qui lui échappaient, Makena appartenait à la seconde.

Une part de ce ressentiment était historique : la mère de Makena avait été professeure de sciences. Sans instruction, Priscilla méprisait les études.

– Ta beauté est ton passeport dans ce monde, disait-elle à sa fille en la transformant en petite poupée chaque dimanche. Sois à l'affût des opportunités. *Aliye na hamu ya kupanda juu hukesha.* Une personne qui veut s'élever dans la société doit rester éveillée.

– Ton cerveau est ton passeport dans ce monde, essayait de dire Makena à la petite fille, mais c'était peine perdue.

Cette enfant ne ressemblait pas qu'en apparence à sa mère. Une semaine après l'arrivée de Makena, la fillette lui avait donné de grands coups de pied dans le lit qu'elles partageaient, tout en faisant semblant d'être profondément endormie.

Saisissant le message, Makena s'était installée sur le canapé. Depuis, c'était là qu'elle dormait, à côté du bébé dans son berceau. Il n'y avait pas de couverture pour elle. La nuit, elle s'enveloppait dans une serviette élimée. Elle aurait tout donné pour la bouillotte en pierre que son père lui avait préparée sur le mont Kenya. Mais le confort, comme toute son ancienne vie, appartenait au passé.

Cet après-midi-là, Priscilla rentra en taxi avec deux heures et demie de retard. Nerveuse, Makena, cachée derrière un rideau, la regarda remonter l'allée d'un pas incertain, les lèvres pincées. Son mascara avait coulé sous un œil.

Elle accorda à peine un regard à Makena et au bébé, se contentant d'aller dans sa chambre, dont elle ressortit dans sa robe orange fané. Son visage, nettoyé de toute trace de maquillage, paraissait étrangement vulnérable.

Elle commença à s'affairer bruyamment autour de la cuisinière. Makena se précipita pour l'aider. Si elle participait en cuisine, elle avait plus de chances de récupérer un bol d'*ugali* avant que Priscilla ne le recouvre de ragoût de chèvre ou de poulet, ce qu'elle faisait souvent par pure méchanceté. Elle savait que ça rendait Makena malade.

Comme l'école de première catégorie, les repas végétariens promis ne s'étaient jamais matérialisés. Puisque Edwin mangeait son déjeuner au garage, les enfants à l'école et Priscilla Dieu seul savait où, le dîner se composait d'un petit plat de viande ou de haricots cuisinés avec des os. En de rares occasions, si son après-midi s'était particulièrement bien passé, Priscilla rentrait avec une citrouille ou des *sukuma wiki* – du chou en feuilles – qu'elle préparait avec des tomates, des oignons et l'assaisonnement préféré de nombreux Kenyans : le mélange d'épices *mchuzi*.

Ce soir-là, Makena eut de l'espoir en voyant Priscilla sortir les *sukuma wiki* du réfrigérateur. La vitamine C l'aiderait peut-être à vaincre son rhume. Mais quand elle entra dans la cuisine, les légumes baignaient dans une flaque de sang provenant d'un morceau de viande grasse d'origine inconnue.

Le réglage par défaut de Makena, ces jours-ci, était une résignation muette, mais ses sinus lui faisaient un mal de chien et elle se sentait malheureuse et affamée.

Attrapant les légumes ensanglantés, elle cria :

– Pourquoi est-ce que vous faites ça ? Vous savez que je ne pourrai pas en manger. Pourquoi me détestez-vous autant ? J'en ai marre. Je ne veux plus être votre baby-sitter et votre bonne gratuite. Je veux des légumes et je veux aller à l'école – la bonne école. Celle pour laquelle oncle Samson vous a donné de l'argent. Si vous ne m'y envoyez pas, je l'appellerai et je lui dirai que vous avez volé l'argent. Et ensuite, je dirai à mon oncle…

Elle ne termina pas sa phrase. Priscilla lui donna une gifle qui l'envoya valser sur le sol de la cuisine. Elle se coupa la joue sur la poignée pointue du petit réfrigérateur. Les autres enfants rentraient de l'école. Le garçon fondit en larmes. La fillette se figea, bouche bée.

– Sale petite ingrate ! hurla Priscilla. Après tout ce qu'on a fait pour toi. On t'a accueillie alors qu'on ne te connaissait pas. Tu n'étais rien pour nous. Maintenant, tu as un toit au-dessus de la tête, de la nourriture sur la table et, le moment venu, on compte t'envoyer dans la meilleure école. Et tu nous remercies par des menaces? *Usishindane na akushindao.* Méfie-toi si tu menaces quelqu'un de plus puissant que toi.

Elle se dressait au-dessus de Makena, tenant encore dans sa main le couteau dont elle s'était servie pour tailler la viande. Du sang en dégoulinait.

– Tu pensais pouvoir venir ici et vivre à nos crochets? Tu as vu comme c'est dur pour nous. Tu t'attendais à un logement gratuit, de l'eau gratuite, de l'électricité gratuite? Et en plus de ça, tu exiges tes propres repas «végéfariens»? Comme si tu faisais partie de la famille royale! Et pendant tout ce temps, tu es comme une vipère en notre sein. J'ai de la peine que tes parents soient partis, mais tu n'es pas la seule dans ce cas. Il y a dix mille orphelins au Kenya. Parfois, je regrette que tu n'aies pas disparu dans cet accident de voiture avec ton père et ta mère.

Le premier mois après la mort de ses parents,

Makena avait pleuré comme une fontaine. Elle avait pleuré si fort, et si longtemps, que la fontaine en elle s'était tarie, ne laissant qu'un trou aussi aride et vide que la région dans laquelle elle vivait désormais. Mais à ces mots, une unique larme horrifiée tomba de son œil.

Elle se releva péniblement.

– Qu'est-ce que vous racontez ? Ils ne sont pas morts dans un accident. Ils sont morts à cause d'Ebola.

Priscilla bondit en arrière et renversa des assiettes posées sur le plan de travail. Elles se brisèrent de façon spectaculaire. Des éclats de porcelaine poignardèrent les jambes de Makena. Sa tante ne se retourna même pas pour mesurer l'étendue des dégâts. Elle avait plaqué une main sur sa bouche.

– Ebola ? EBOLA ? Edwin m'a dit… Je ne savais pas… Oh, mon Dieu ! Oh, non… et ces trois derniers jours, tu as toussé et éternué. Tu as fait entrer cette maladie, cette malédiction, dans notre maison. Tu as été avec mon bébé.

Makena recula lentement.

– Non. Non, j'ai juste un rhume. Je… Je n'étais pas là-bas.

– Sors ! hurla Priscilla.

Elle courut prendre le bébé dans son berceau, puis rassembla autour d'elle ses enfants en larmes, telle une mère poule.

– ÉLOIGNE-TOI DE NOUS ET NE REVIENS JAMAIS !

Alors que Makena sortait dans la cour en trébuchant, elle entendit qu'on fermait et verrouillait la porte derrière elle.

UN PIEUX MENSONGE

Lorsque Edwin rentra du travail, il trouva Makena dans l'herbe, devant la maison. Les genoux serrés contre la poitrine, elle tremblait de façon incontrôlable. Sa joue était enflée, tachée de sang.

– Qui t'a fait ça ?

– Je suis tombée.

D'abord, il ne parvint pas à lui soutirer une syllabe de plus mais, à force de patience, il obtint l'essentiel de l'histoire. Une fureur inhabituelle s'empara de lui. Il prit Makena dans ses bras et l'installa dans son camion, la couvrant avec sa veste.

– Reste ici. Quoi qu'il arrive, ne bouge pas.

Une dispute inouïe explosa alors. Makena se roula en boule sur le plancher du camion, les mains sur les oreilles, mais les cris belliqueux de son oncle et de sa tante s'entendaient malgré les fenêtres fermées. Avant de s'accroupir, elle avait vu des voisins sortir dans la rue.

– Ne mets pas ça sur le dos de Makena, supplia Edwin à un moment donné. C'est une enfant. C'est moi qui ai eu tort. J'ai pensé que ça serait mieux. J'avais peur que tu ne veuilles pas d'elle si je te disais que mon frère et ma belle-sœur avaient succombé à cette horrible maladie. C'était un pieux mensonge.

S'il croyait qu'admettre sa culpabilité allait adoucir sa femme, il se trompait. Elle s'emportait avec une hystérie croissante, l'accusant de l'avoir mise en danger, d'avoir mis en danger ses enfants et son précieux bébé. Pendant des jours, Makena avait éternué et toussé des germes mortels dans toute la maison. En ce moment même, le virus était peut-être en train de se répandre dans leurs veines. Il aurait tout aussi bien pu creuser leurs tombes.

– Tu délires, lança Edwin, désespéré. Makena n'est jamais allée en Sierra Leone. Elle n'était pas avec mon frère et sa femme. Comment pourrait-elle avoir Ebola ?

– Comment sais-tu qu'elle n'y est jamais allée ? Tu étais avec eux ? Tu as des preuves ? La maladie aurait pu se cacher, comme une araignée endormie, pendant des mois. Comment pourrai-je encore te croire ? Comment pourrai-je savoir si tu me racontes un pieux mensonge ou autre chose ?

Edwin la supplia et tenta de la persuader. Il emmènerait Makena à l'hôpital pour qu'on lui fasse des tests, et il rapporterait à Priscilla un certificat de bonne santé pour la rassurer. Il pourrait forcément se rattraper, et ils trouveraient une solution pour que Makena continue de vivre avec eux. Elle était seule au monde. Elle n'avait nulle part où aller.

Priscilla demeura inflexible.

– Elle a ses amis riches à Nairobi. C'est elle ou moi.

Après ça, la maison resta silencieuse pendant un long moment. Quand la portière du camion finit par s'ouvrir, Edwin était voûté et gris, comme si ses os s'étaient vidés de leur jeune moelle. Il aida Makena à remonter sur le siège et posa son sac à dos à ses pieds. Pendant plusieurs minutes, il parut incapable de parler.

– Je suis désolé, dit-il finalement. Priscilla est une femme fantastique, mais c'est une lionne, quand il est question de nos enfants. Elle a peur pour eux. Les gens par ici… beaucoup sont ignorants. Ils ont leurs superstitions au sujet d'Ebola. Ils l'ont remplie de crainte. Tu sais que cette maladie peut tuer en quelques jours. Certaines personnes croient que ceux qui ne peuvent pas être tués par le virus sont maudits, ou que ce sont des sorciers. Priscilla craint que nos voisins ne nous mettent à la rue s'ils apprennent qu'on héberge une survivante d'Ebola. Je pourrais perdre mon travail. C'est absurde, car tu n'es jamais allée en Sierra Leone avec tes parents, mais c'est comme ça, par ici.

Il hésita un instant.

– Tes amis, à Nairobi, est-ce que ce sont des gens bien ? Est-ce qu'ils te traitent bien ?

Makena hocha la tête. Elle avait deviné la suite.

– Tu penses qu'ils…

Son espoir flottait dans l'air.

– Oui, je suis sûre qu'ils m'accueilleraient, répondit Makena, parce que c'était ce qu'il voulait entendre. Si je pouvais seulement aller à Nairobi…

Le soulagement sur le visage de son oncle faillit la faire pleurer de nouveau.

– Pas de problème. L'un de nos chauffeurs – un homme décent, de confiance – va à Nairobi tôt demain matin pour récupérer des pièces. Je lui demanderai de te conduire chez tes amis et de veiller à ce que tu arrives saine et sauve. Il vaudrait mieux que je te dépose chez lui ce soir. Sa femme s'occupera de toi et tu pourras facilement être prête à 4 heures du matin. Est-ce qu'il faut que j'aille te chercher autre chose dans la maison ? Est-ce que tu as d'autres affaires ?

Le sac à dos était léger contre sa jambe. Makena pensa à la valise pleine à craquer avec laquelle elle était arrivée et frémit au souvenir de Priscilla et sa fille fouillant dans ses bagages. Certaines de ses affaires, soupçonnait-elle, avaient été vendues. Elle avait vu une fille au magasin vêtue du jean et du

T-shirt jaune mont Kenya que Shani lui avait achetés. Or le jean de Makena avait disparu et elle savait que le T-shirt était le sien, car la seule fois où elle l'avait porté, elle avait trouvé le moyen de faire une petite tache d'encre au milieu du O.

– Je n'ai besoin de rien.

Son oncle démarra.

– Dans ce cas, allons-y. J'ai mis un peu de pain et deux oranges dans ton sac, au cas où tu aurais faim.

La tristesse de son oncle emplissait la cabine comme un brouillard.

– Tu pars trop tôt, Makena. Avec toi ici, je voyais mon frère tous les jours. Le meilleur de lui est en toi. Reste forte, ma nièce. Souviens-toi : si longue que soit la nuit, l'aube viendra.

ORDURES

Arrêtez-vous ! Là, sur la gauche. Près du flamboyant bleu.

Pendant la plus grande partie du trajet de quatre heures jusqu'à Nairobi, Makena avait essayé de dormir. Elle avait encore mal à la joue, mais celle-ci était moins gonflée. La femme du chauffeur y avait appliqué de la glace en marmonnant d'un air sombre à propos de Priscilla. Elle n'avait pas cru l'histoire de Makena selon laquelle elle avait trébuché sur une marche. La femme lui avait aussi préparé un breuvage répugnant pour soigner son rhume. Quoi que ce soit, ce remède avait pratiquement guéri Makena pendant la nuit, mais elle avait l'impression que sa tête était détachée de son corps. Comme si elle se contemplait de très haut et voyait une enfant maigre et brisée affalée contre la portière du camion.

Jusqu'à maintenant, son seul projet avait été de s'en remettre à la clémence des Ting. Elle était sûre qu'ils ne la rejetteraient pas. Mais alors qu'elle se réveillait d'une énième répétition de la malheureuse soirée de la veille, elle se rendit compte que le chauffeur prenait un raccourci et passait dans son ancienne rue. La maison qu'elle avait vue pour la dernière fois quand elle avait embrassé son père et sa mère pour leur dire au revoir s'approchait d'elle. Le cœur de Makena, une chose morte dans sa poitrine, se remit à battre pour la première fois en plusieurs mois. Elle reprit vie avec une soudaineté qui surprit le chauffeur.

– Arrêtez-vous ! Là, sur la gauche. Près du flamboyant bleu.

L'homme était perplexe. Il se gara pour regarder son carnet.

– Ce n'est pas l'adresse que m'a donnée ton oncle. On y est presque. Encore cinq ou dix minutes, en fonction de la circulation.

– Vous croyez que je ne connais pas ma propre maison ? répliqua Makena, se doutant, à raison, que son oncle avait évité d'en dire trop sur son passé et son départ précipité.

– Bien sûr, bien sûr que tu la connais. Mais je dois aussi m'assurer que tu es en sécurité. Je l'ai promis à Edwin. Tu es une jeune fille dans une ville de voleurs et… Ah, ah ! *Usitoke !* Ne bouge pas. Laisse-moi chercher un meilleur endroit où me garer.

Mais Makena avait déjà ouvert la portière et sautait dans la rue. Alors qu'elle contournait l'avant du camion, un homme en costume sortit de sa maison.

Le chauffeur était pris de panique.

– Attends, petite ! Je vais t'accompagner. D'abord, allons chercher un endroit où…

– Ce n'est pas la peine, dit Makena en faisant signe à l'homme de l'autre côté de la rue, comme s'il était un ami perdu de vue depuis longtemps.

L'homme leva la main d'un air hésitant.

Makena se retourna vers le chauffeur, penché à la fenêtre de son camion.

– Vous voyez, je suis attendue. Merci de m'avoir déposée. Vous et votre femme avez été très gentils avec moi, hier soir. S'il vous plaît, remerciez-la pour le médicament. C'est un puissant *muti*.

L'homme d'affaires l'attendait au portail.

– On se connaît ? lui demanda-t-il alors que le camion redémarrait bruyamment derrière elle. Tu es une amie de ma fille ?

Makena ne pouvait pas parler. Elle se tenait là où elle avait vu ses parents pour la dernière fois, et le passé venait de l'aspirer dans un vortex. La voix de son père résonnait dans sa tête. « À plus tard, Balthazar. »

Elle avait ri en répondant : « À la prochaine, Germaine. » Elle était insouciante, alors. Elle ignorait que « plus tard » pouvait signifier « plus jamais ».

Ses genoux cédèrent sous son poids. Elle s'assit lourdement sur le trottoir boueux. L'homme jeta son attaché-case par terre et ouvrit le portail, criant à quelqu'un d'apporter de l'eau.

– Tu es malade ? Faut-il que j'appelle le médecin ou ta famille ? demanda-t-il en sortant un téléphone de la poche de son costume. Tu connais le numéro de ta maman ?

Makena avait la nausée. Elle n'aurait jamais dû venir.

– Je… Je vivais ici. Ma famille vivait dans cette maison. Maintenant, ils sont morts.

L'homme avait l'air mal à l'aise. Il rangea son téléphone.

– On en a entendu parler. Toutes mes condoléances. Mais qu'est-ce que tu viens faire ici ?

Sa femme sortit précipitamment de la maison, une bouteille d'eau à la main. Apprêtée et parfumée, elle avait l'air harassé d'une personne ayant un travail stressant. Son mari murmura quelque chose et elle resta bouche bée.

– Tu peux t'occuper d'elle ? lui souffla-t-il. Je suis en retard à ma réunion.

Il s'éloigna sans attendre sa réponse.

La femme était plus gentille. Elle s'accroupit devant Makena et lui prit la main.

– Est-ce que tu veux entrer ?

Makena secoua violemment la tête.

– Alors que puis-je faire pour t'aider ? demanda-t-elle en balayant la rue du regard. Quelqu'un t'a emmenée ?

Makena s'essuya les yeux avec sa manche.

– J'ai laissé des affaires ici. L'amie de ma maman, Shani, m'a dit que le propriétaire avait tout vendu – tous nos meubles, notre vaisselle, nos phot…

– Respire. Prends ton temps.

– Il s'est débarrassé de nos phot… photos et de toutes nos affaires pour récupérer le montant du loyer. Shani a pu sauver quelques vêtements à moi. Ce que je veux savoir, c'est si vous avez les objets qui étaient sur ma table de nuit ? Ils n'avaient aucune valeur financière, mais ils étaient importants pour moi. C'est tout ce qui me reste de mes parents.

La femme paraissait sur la défensive.

– Écoute, quand nous sommes arrivés ici, la maison était dans un état épouvantable. Le propriétaire est un criminel. Il a pris notre caution et, quand nous avons débarqué avec nos affaires, rien n'avait été nettoyé. J'ai trouvé un carton avec des détritus dans la petite chambre. Pas de jouets. Juste des bâtons et de la terre et un pot plein d'eau. C'était dégoûtant. J'ai tout jeté.

Makena laissa échapper un sanglot, mais aucune larme ne coula. À cet instant, elle eut l'impression qu'elle ne ressentirait plus jamais rien. Et qu'elle n'aurait plus aucune raison de ressentir quoi que ce soit. Tout ce qu'elle avait jamais aimé lui avait été enlevé.

– Ce n'étaient pas des déchets. Ce n'était pas dégoûtant. C'étaient des objets précieux que mon papa m'avait donnés – un bâton en forme de léopard, de la cendre volcanique et de la neige fondue.

La femme semblait elle aussi au bord des larmes.

– Désolée, désolée, désolée. Je ne m'en suis pas rendu compte. Ça me brise le cœur.

Soudain, elle s'égaya.

– Attends, je m'en souviens maintenant ! J'ai gardé quelque chose.

Makena ne voulait pas voir comment sa maison avait changé, mais ses pieds la portèrent jusqu'à la porte ouverte. Quand ses parents la louaient, cette maison était un endroit joyeux, décoré avec des coussins faits maison, des tissus batiks, des meubles usés mais confortables. Des piles branlantes de livres d'occasion, achetés par sa mère avec toutes les pièces de monnaie qui traînaient, avaient servi de tables basses ou de bureaux pour faire les devoirs. La radio était toujours allumée. Ils avaient dansé sur Pharell Williams, tapant dans leurs mains parce qu'ils pensaient que le bonheur était la vérité.

Désormais, la maison était silencieuse. Il n'y avait aucun livre en évidence. Tout, dans le salon bien ordonné, semblait lisse et coûteux. Tout était assorti. La vie que Makena avait partagée avec sa famille avait été effacée.

La femme revint avec une photographie encadrée. Quelqu'un l'avait fait tomber, mais Makena s'en fichait. Derrière le verre brisé, la photo de ses parents en train de rire le jour de leur mariage valait plus que tout l'or de l'Afrique. Elle pressa ses bords frais et pointus contre sa joue entaillée et puisa de la force dans ses souvenirs.

– Merci.

Ce fut tout ce qu'elle parvint à dire.

La voix de la femme se fêla :

– Je t'en prie. Je suis contente de l'avoir gardée. Ça ne me paraissait pas bien de jeter une photographie aussi débordante d'amour.

Elle jeta un coup d'œil à sa montre et ravala un juron.

– Je suis désolée, mais je dois aller au travail. Qui t'a emmenée ici ? Quelqu'un va venir te chercher ?

Makena désigna vaguement la rue. Elle ne voulait pas mentir, mais elle ne voulait pas non plus qu'on la surveille.

– D'une minute à l'autre.

– Je devrais peut-être rester avec toi. Il y a beaucoup de fauteurs de troubles, par ici.

– *Hakuna Matata*. J'ai vécu presque toute ma vie ici. Si quelqu'un m'embête, j'irai chercher un des voisins que je connais.

– Tu es sûre ? Dans ce cas, je vais y aller.

Elle sortit quelques shillings kenyans de son sac à main et les fourra dans la main de Makena.

– Tiens, prends ça. Va t'acheter une glace ou

des bonbons – quelque chose qui te redonnera le sourire.

De retour dans la rue, Makena jeta le cadre dans une poubelle et glissa la photo de mariage dans la pochette en plastique qui contenait la précieuse photo de son père escaladant l'Ice Window. Puis elle la rangea dans la poche de son pantalon d'escalade.

Elle se mit en marche. Après le calme du Nord, Nairobi à l'heure de pointe était pire que jamais. On aurait dit que la ville organisait une parade pour une fanfare de cuivres composée de dix mille musiciens n'ayant pas l'oreille musicale. Quand Makena arriva devant chez les Ting, l'éléphant ne se contentait pas d'être assis sur sa poitrine ; il essayait de la réduire en miettes.

Makena redoutait le moment où Shani ouvrirait la porte et découvrirait que la fille de son ancienne collègue était de nouveau son problème. Betty et elle avaient aimé travailler ensemble, mais elles n'avaient jamais été proches. La seule raison pour laquelle Makena s'était retrouvée chez eux, c'était parce qu'elle et Li étaient amies et que ses parents n'avaient trouvé personne d'autre pour la garder au dernier moment.

Shani avait déjà dû se charger de bien plus que ce pour quoi elle s'était engagée. Si elle et M. Ting recueillaient Makena, cela conduirait au genre de disputes au sujet de l'argent et de l'espace (ou plutôt du manque d'espace) qui s'étaient répétées à une fréquence croissante chez son oncle au cours des semaines précédant son départ.

Il y avait aussi le risque qu'ils préviennent les autorités. Des fonctionnaires bien intentionnés pourraient la placer ou la renvoyer chez Priscilla et oncle Edwin.

Alors que Makena tentait de trouver le courage de s'approcher de la maison, Shani en sortit avec les enfants. Li et Leo étaient propres et adorables dans leur uniforme scolaire. Son amie sautilla jusqu'à la voiture, un livre à la main.

Makena se cacha derrière un arbre. Elle attendit qu'ils se soient éloignés pour repartir. Ils avaient fait tout ce qu'ils pouvaient pour elle. Pour rien au monde, elle ne voudrait devenir un fardeau pour eux.

Elle se mit à marcher sans but, dans un brouillard de souffrance et de solitude. Emportée par le courant des travailleurs et des marchands qui se bousculaient, en sueur, elle se sentait protégée ; elle appartenait à quelque chose de plus grand. Chez Priscilla, elle s'était sentie complètement seule, mais à Nairobi, la foule lui procurait un sentiment de sécurité. Les voitures, les taxis *matatu* et les propriétaires de vélos pouvaient klaxonner et râler autant qu'ils voulaient, ils ne l'écraseraient pas si elle traversait une rue en même temps que vingt autres piétons.

Tout le monde allait quelque part. Elle s'autorisa à croire qu'elle aussi avait un endroit où aller. Pendant un petit moment, elle s'attacha à une famille, perdue dans un rêve éveillé dans lequel elle faisait encore partie d'un tout. Finalement, les enfants se mirent à la fixer et à la pointer du doigt. Makena faillit se faire renverser par une charrette tirée par un âne en tentant d'échapper au regard plein de pitié de la mère.

Elle se retrouva dans un marché à ciel ouvert. L'air était bleu, empli de la fumée des poêles remplies de riz biryani et de pains *chapati* ; de morceaux de bœuf noueux, cartilagineux, d'épis de maïs noircis. Elle plongeait sous les portants de vêtements, se pressait entre des collines vertes de feuilles de citrouille et des bassines de mangues couvertes de gouttelettes. Émergeant de sous des auvents en plastique et d'une profusion de jouets chinois roses, elle remarqua que des nuages d'orage fondaient sur Nairobi. Ils s'étaient déjà mêlés au nuage, créé par l'homme, de fumée noire et huileuse s'élevant des lointains bidonvilles. Pour ce que Makena en savait, il y avait toujours quelque chose en train de brûler à Kibera et à Mathare. Les gangs en guerre et les habitants essayant de fabriquer de l'électricité illégale provoquaient de nombreux incendies. Nourris par les ordures pourrissantes et les baraques bondées, construites avec des planches, des cartons et du fer rouillé, les feux, incontrôlables, pouvaient faire rage pendant des jours.

La police et les pompiers s'aventuraient rarement dans la vallée de Mathare et jamais dans son pire quartier, Nigeria Ndogo. Ils n'osaient pas.

Les pieds de Makena s'étaient arrêtés d'eux-mêmes devant les marches du salon de beauté et coiffure Bénédictions. Elle posa les yeux sur le salon, au premier étage, et s'imagina soudain qu'il lui suffirait de grimper les marches et de s'asseoir dans le fauteuil de Gloria pour retourner sur la cascade glacée du Khumbu en compagnie d'Edmund Hillary et Tenzing Norgay. Sa mère l'interromprait alors qu'elle franchirait une crevasse imaginaire.

« Qu'est-ce qui t'arrive, Makena, tu as la bougeotte ? Comment Gloria peut-elle réussir tes tresses si tu n'arrêtes pas de gigoter dans ton fauteuil ? »

Makena relèverait les yeux de son livre, et sa mère aurait passé la tête dans l'embrasure de la porte et la regarderait avec une expression à la fois tendre et exaspérée. Le cauchemar de ces derniers mois ne serait plus que ça, justement : un cauchemar. Elle aurait tout rêvé. La vie reprendrait son cours normal.

– C'est toi, la fille de la montagne ?

Makena sursauta violemment.

– Tu ne te souviens pas de moi ? Je suis Nadira, la fille de Gloria. Qu'est-ce qui est arrivé à tes tresses ?

Makena porta les mains à sa tête. Par un après-midi étouffant, dans le Nord, alors qu'elle était encore seule avec le bébé, enfermée, son chagrin était devenu si intolérable que le seul moyen qu'elle avait trouvé pour le supporter avait été de se débarrasser de tout ce qui lui rappelait le passé, y compris ce qu'elle voyait dans le miroir. Elle avait coupé ses tresses avec des ciseaux à ongles.

Quand Priscilla était rentrée de son déjeuner avec son ami secret, sa réaction n'avait pas été celle à laquelle Makena s'était attendue. Il n'y avait pas eu de mépris. Pas de colère. Son regard était passé du nid à rats sur la tête de Makena aux tresses éparpillées par terre. La compassion avait effleuré son visage avant de s'envoler.

Sans un mot, elle avait ramassé les tresses et les avait jetées à la poubelle, avant de dire brusquement :

– Allez, on va t'arranger un peu.

Elle avait peigné les cheveux de Makena – sans ménagement, mais elle l'avait fait – et les avait coupés de son mieux.

– La prochaine fois que tu auras envie de tenter une bêtise comme ça, retiens-toi. Quand tu t'abîmes, quand tu détruis le corps que Dieu t'a donné, tu ne peux pas toujours revenir en arrière.

C'était la dernière fois que Makena avait aperçu l'humanité et le chagrin dissimulés sous la carapace superbe et dure de Priscilla.

La fille de Gloria réapparut dans son champ de vision.

– Qu'est-ce qui t'arrive, la fille de la montagne ? Où est ta maman ? Tu veux mont…

Makena s'enfuit, renversant une table chargée de haricots séchés. Des cris la poursuivirent alors qu'elle zigzaguait à travers le marché. Elle voulait courir jusqu'à ne plus rien ressentir et ne plus voir personne. Courir jusqu'au mont Kenya, s'il le fallait.

Elle courut et courut, ses baskets trop petites frappant le sol des rues délabrées. De la poussière et des fumées se débattaient dans ses poumons. Elle ne ralentit que lorsqu'un point de côté lui transperça le flanc comme une griffe de léopard, mais elle continua en titubant.

Lorsqu'elle eut épuisé son dernier atome d'énergie, elle s'acheta une glace et se laissa tomber dans un triangle ombragé. Elle avait le regard dans le vide et ne pensait à rien. Les ombres s'épaississaient et se déplaçaient autour d'elle.

Le soir, le vent se leva. Trop tard, Makena tenta de trouver un abri. Rares étaient ceux qui n'étaient pas déjà occupés. L'orage, quand il arriva, était un déluge typique de Nairobi. Le tonnerre explosait comme des bombes. Des torrents boueux, sur lesquels surfaient des flottes de détritus, coulaient dans les rues.

Quelque part, au loin, se trouvait le Nairobi moderne et chic avec ses centres commerciaux rutilants et ses jeunes actifs élégants. La nuit allait bientôt tomber, et Makena savait qu'elle devait y retourner si elle voulait avoir le moindre espoir de rester en sécurité.

Dégoulinante et reniflant, elle tenta de se repérer. Un jeune aux yeux brillants se planta devant elle et ses amis la huèrent. Fuyant leurs griffes, elle piqua un sprint dans une allée, tourna au coin de la rue et fonça droit dans un arbre.

Alors, l'arbre bougea.

La main qui jaillit et lui attrapa le poignet faisait la taille d'un gant de gardien de but, et l'avant-bras qui y était attaché faisait presque la largeur de la taille de Makena. Elle releva les yeux. Encore, et encore. Son cerveau n'arrivait pas à comprendre ce qu'il voyait à travers la pluie.

Elle hurla et tenta de reculer d'un bond. La tête du géant ressortait au milieu des nuages d'orage, illuminée par les éclairs. Makena eut l'image momentanée d'un monstre difforme.

– Qu'est-ce que tu fais, taré ?

Les jeunes aux yeux brillants étaient de retour.

Le monstre fit volte-face pour se jeter sur eux. Makena s'écarta et prit ses jambes à son cou. Elle courut jusqu'à n'en plus pouvoir, puis elle continua en trainant la jambe. Ses vêtements ruisselaient.

L'orage était si violent qu'il avait chassé tout le monde, sauf les plus désespérés. Makena arrivait à peine à boitiller quand elle finit par repérer une rangée de bennes industrielles derrière un entrepôt en brique délabré. À côté d'elles se trouvaient deux poubelles plus petites, plus grandes que des poubelles domestiques, mais manipulables. Elle en vida une. Elle contenait principalement du papier, mais elle avait dû, dans une vie précédente, servir de réceptacle à des entrailles de poisson.

Makena la renversa et se glissa dessous. Il y avait suffisamment de place pour qu'elle puisse s'asseoir bien droite et se servir de son sac à dos comme d'un coussin. Ainsi, elle serait au sec. Une fissure dans le plastique laissait entrer assez d'air pour qu'elle puisse respirer, mais pas assez pour contrer l'odeur de poisson. Elle attacha son seul T-shirt de rechange sur son nez en guise de masque de fortune.

Sa bouche était aussi sèche que les champs autour de la maison de son oncle. Elle but d'une traite sa bouteille d'eau et engloutit les fruits que son oncle lui avait donnés, frappant les oranges pour les ramollir, puis buvant leur jus à travers un trou creusé au sommet. Elle n'avait pas faim. Et même si ç'avait été le cas, la puanteur de la poubelle lui aurait coupé l'appétit en un rien de temps.

Bizarrement, elle n'avait pas peur, même après l'incident avec l'homme-arbre. Elle s'était sentie plus tendue quand elle vivait avec Priscilla. Elle était plutôt fière d'avoir trouvé, seule et en plein orage, un abri où passer la nuit. Pour l'instant, c'était sa seule préoccupation. Ça, et mettre son pull sec avant d'attraper une pneumonie. Il était taché par le sang laissé par la coupure sur sa joue. Cela suffisait à lui rappeler qu'elle était mieux dans une poubelle.

Le matin venu, elle élaborerait un plan. Il en existait forcément un ; elle n'arrivait juste pas à y réfléchir pour le moment. Son esprit était trop embrumé.

Au pire du pire, elle irait chez les Ting. Ou elle se présenterait à l'École internationale où sa mère avait récemment commencé à enseigner avec Shani et ferait appel à leur sens de la charité. Peut-être envisageraient-ils de lui accorder une bourse. Elle pourrait vivre là-bas en tant qu'interne et étudier gratuitement.

La poubelle était calée contre un mur. Elle s'y appuya et ferma les yeux. Les choses s'arrangeraient, d'une façon ou d'une autre. Les enfants issus de bonnes familles ne finissaient pas dans la rue ou dans un orphelinat, si ? Ces orphelins étaient victimes de la guerre, de la famine ou de la maladie.

Comme toi, ne put-elle s'empêcher de penser.

Elle ignora le chœur de doutes dans sa tête. Il y avait une solution. Il fallait juste qu'elle la trouve.

La pluie tambourinait une mélodie sur la poubelle. Malgré le froid et l'exiguïté, elle dormit.

Elle fut réveillée brutalement. La poubelle se soulevait. Avant qu'elle puisse bouger, quelqu'un attrapa la capuche de son pull pour la jeter dans la gueule du camion-poubelle.

– Lâchez-moi ! cria-t-elle et, à sa grande satisfaction, l'éboueur faillit faire une crise cardiaque. Vous êtes aveugle ? Je suis une fille, pas un tas de vêtements abandonnés. Rendez-moi mon toit.

– Ton toit ?

L'homme se grattait la tête, encadré par l'aube cramoisie.

– Cette poubelle n'est pas ta maison. C'est une propriété privée. Retourne à Mathare. Et fais attention quand tu choisis un endroit où dormir. La prochaine fois, on pourrait te jeter avec les ordures.

NEIGE

Dans le dernier roman que Makena et sa mère avaient lu ensemble, le sorcier orphelin Harry Potter se servait d'une cape d'invisibilité chaque fois qu'il voulait disparaître. À Nairobi, ça n'était pas nécessaire. Il suffisait de vingt-quatre heures dans les rues sans accès à une salle de bains et à des vêtements propres pour transformer une jeune fille en rat se mêlant aux six cent mille invisibles de Mathare.

C'est comme ça que la qualifia la femme qui vendait des beignets, au coin de la rue – de « rat ». Elle regardait la tache de sang sur le pull de Makena, imaginant le pire.

– Je n'ai pas volé cet argent, l'informa Makena avec colère alors que la vendeuse prenait ses billets humides et froissés d'un air dégoûté. C'est ma maman qui me l'a donné. Elle est professeure de sciences, vous savez.

Et, l'espace d'un instant, elle parvint presque à croire que sa mère était encore professeure et viendrait la rejoindre dès qu'elle aurait terminé ses cours.

En tout cas, c'était vrai que cet argent lui venait de sa mère. Il était initialement destiné à Shani, pour participer aux frais des six jours et demi que Makena devait passer chez eux. Shani l'avait refusé, alors Makena l'avait dissimulé dans la poche pour objets précieux, au fond de son sac à dos, afin de le rendre à sa mère quand elle rentrerait à la maison. Mais Betty n'était jamais rentrée.

Lors de ce premier jour horrible à Isiolo où Priscilla avait fouillé dans les affaires de Makena, elle n'avait pas trouvé l'argent. Makena l'avait aussitôt caché en lieu sûr, sous un pavé dans le jardin. Il y était resté jusqu'à ce que Priscilla la chasse de chez elle.

La matinée n'était pas partie sur les meilleures bases. Être confondue avec des ordures avait le chic pour saper votre confiance. Mais ça lui remontait le moral de savoir que l'argent que sa mère avait prévu pour l'aider servait enfin, quand elle en avait le plus besoin.

Presque deux jours s'étaient écoulés depuis son dernier véritable repas, plus longtemps si on tenait compte du fait que ses petits déjeuners et déjeuners chez son oncle s'étaient uniquement composés de pain et de confiture. Elle était affamée. Elle ne voulait pas dilapider son argent, mais comme elle allait passer, au plus, encore une journée dans la rue – après quoi elle trouverait un plan –, elle décida de s'offrir un bon petit déjeuner.

Elle acheta deux autres beignets, deux Coca, une bouteille d'eau, une banane et deux samosas aux légumes. C'était un tel butin qu'elle pouvait à peine le porter. Ce qu'il lui fallait, c'était un endroit où déguster tout ça, loin des regards curieux.

Après ses errances sous l'orage, elle était complètement perdue. À la lumière du jour, il ne faisait aucun doute qu'elle se trouvait dans ce que ses parents auraient appelé « un mauvais quartier », bien trop proche de Mathare pour qu'elle se sente à l'aise. Quand il conduisait dans Nairobi, son père faisait toujours des détours pour éviter le bidonville, qui s'étendait sur deux kilomètres. Makena ne l'avait aperçu que deux fois, derrière une vitre fermée, toutes portières verrouillées.

Les deux fois, elle s'était sentie partagée. Une part d'elle était fascinée, triste et horrifiée par l'amoncellement de baraques rouillées qui entouraient la misère aussi efficacement qu'une forteresse. L'autre avait trouvé cette vision trop dure à supporter. C'était cette dernière qui l'avait emporté. Elle lui avait fait détourner le regard lorsqu'ils passaient devant l'un des plus grands bidonvilles d'Afrique.

Désormais, cette zone misérable ne se trouvait qu'à une petite dizaine de minutes de marche. Un ruban de fumée s'en échappait et s'entortillait dans le ciel bleu.

Makena espérait que son petit déjeuner lui donnerait la force de parcourir au pas de course les cinq kilomètres la séparant du centre de Nairobi. Ou alors, elle pourrait prendre un taxi fou *matatu*. Juste au moment où elle envisageait cette possibilité, l'un d'eux fit un demi-tour illégal devant elle et grimpa sur le trottoir, manquant de la faucher, ainsi qu'une femme qui vendait des cacahouètes. Le chauffeur appuya à fond sur son klaxon, comme si elles étaient en tort. Il accéléra comme un fou et s'éloigna, ses passagers serrés les uns contre les autres regardant par la vitre arrière, les yeux écarquillés.

Makena rejeta aussitôt cette idée. Elle préférait marcher jusqu'à Nairobi malgré ses ampoules. Elle aurait plus de chances d'y arriver en vie. C'était étrange de voir comme son instinct de survie s'était réveillé. Chez son oncle, elle avait passé tout son temps à regretter de ne pas être morte. Désormais, elle voulait retarder ce jour autant que possible.

Les routes autour de Mathare débordaient de musique, de crasse et de vie. Les samosas étaient froids quand elle finit par trouver un endroit où pique-niquer. Une charrette de marché inutilisée avait été abandonnée dans une ruelle tranquille, recouverte par une vieille bâche déchirée maintenue par des pierres.

Makena attendit d'être seule avant de plonger dessous. C'était propre, et plutôt agréable. Elle aplatit un sac en papier pour y déposer les beignets, les samosas, la banane et les Coca. Elle mordit dans un beignet.

– Est-ce que tu vas partager, ou est-ce que tu vas tout garder pour toi ?

Makena faillit s'étouffer.

Une fille albinos coiffée d'un chapeau mou sortit de l'ombre.

Makena eut un mouvement de recul. Non pas qu'elle n'ait jamais entendu parler de l'albinisme. Une fille de sa classe en était atteinte, bien que ses parents aient été aussi noirs que ceux de Makena. La mère de Makena lui avait expliqué que cette anomalie était causée par un gène mutant qui bloquait l'enzyme impliquée dans la production de mélanine – « la palette des couleurs du corps ». Le résultat, c'était une peau rose et douce, une fine couche de cheveux blond-blanc et des yeux bleu délavé.

Pigments mis à part, la fille à l'école n'était pas différente de Makena ni de qui que ce soit, mais la plupart des enfants l'avaient ignorée. Certains étaient méchants avec elle parce qu'elle ne leur ressemblait pas et d'autres l'excluaient à cause de superstitions selon lesquelles elle n'était pas vraiment humaine, ou parce qu'ils craignaient d'attraper sa maladie et de devenir blancs en la touchant. Makena avait refusé de s'asseoir à côté d'elle, mais pas parce qu'elle était albinos. Pour elle, la peau n'était que de la peau.

« Qu'une personne ait des rayures, des petits pois ou qu'elle soit aussi colorée et brillante qu'un papillon, ça n'a pas d'importance, disait souvent sa mère. Ce qui compte, c'est ce qu'il y a à l'intérieur. Est-elle aimable avec les autres et gentille avec les plus faibles ou moins chanceux qu'elle ? Est-elle loyale envers ses amis ? Défend-elle ce qui est juste ? »

Makena pensait la même chose. Quand elle s'était écartée de la fille sous la charrette, c'était surtout pour échapper à un souvenir honteux. Elle aussi avait rejeté la fille albinos pour la pire raison possible : parce qu'il était plus facile de suivre le mouvement.

Elle tendit la main.

– Je m'appelle Makena. Bien sûr que tu peux partager mon petit déjeuner. Si je mange ça toute seule, je vais exploser. Je crois que j'ai eu les yeux plus gros que le ventre.

La fille sourit et leurs paumes se touchèrent.

– Bien rattrapé. Je pourrais écrire un livre sur toutes les pensées qui viennent de passer dans tes yeux. Ce n'est pas grave. J'ai l'habitude. Je m'appelle Diana, comme la reine des Supremes.

– Qui ?

– Diana Ross, la légende Motown.

D'une voix claire et forte, elle chanta quelques passages de chansons sur les matins chagrins, le blues du lundi et le fait de s'en sortir malgré les nuages dans le ciel.

– J'ai entendu parler d'elle, mais je ne connais pas ces chansons, dit Makena en tendant à sa nouvelle camarade un samosa, un beignet et une canette de Coca.

– Tu ne connais donc rien ?

– Je connais plein de choses. Plus que toi, je

parie. J'aime tout, de Rihanna à Freshlyground, en passant par Oliver Mtukudzi et One Direction.

– Qui ?

– Tu ne connais donc rien, Diana ?

Elle gloussa.

– Si on doit devenir amies, il vaut mieux que tu m'appelles Neige. C'est mon surnom, par ici.

Makena en resta bouche bée.

– Ça ne te dérange pas ?

– Non, pourquoi ? C'est cool, la neige. J'en ai vu une fois, au cinéma du bidonville. Des gamins se roulaient dedans et faisaient des bonshommes de neige. C'était magnifique.

Makena trouvait surréaliste, mais aussi merveilleux de parler de la neige avec une inconnue sous une charrette de marché, à un battement d'ailes de Mathare.

– Moi, j'ai vu de la neige en vrai, sur le mont Kenya. De loin, mais le soleil de l'aube brillait dessus, et elle était d'un superbe rose scintillant. La dernière fois qu'il l'a escaladé, mon père m'a rapporté de la véritable neige du sommet de Batian. C'est le plus haut des trois pics. Bien sûr, elle avait fondu quand elle est arrivée jusqu'à moi, mais ça m'était égal. C'est à ça que sert l'imagination. Tout ce que j'avais à faire, c'était toucher ce pot pour me retrouver aussitôt assise au sommet du Batian.

Cela faisait si longtemps qu'elle ne s'était pas autorisée à penser aux montagnes qu'elle aimait que le simple fait d'en parler était une libération.

Neige mangeait son festin, fascinée.

– Où est ton papa, maintenant ?

La douleur emplit la poitrine de Makena comme une fiole de poison. Elle dut forcer les mots à sortir.

– Il… Ma maman et lui sont morts brutalement. Une semaine, ils étaient là, et la suivante… ils étaient partis. Ma tante Mary aussi.

– Que s'est-il passé ?

Makena se souvint en un éclair de la réaction de Priscilla lorsqu'elle avait entendu le mot « Ebola », comme si Makena était la peste bubonique incarnée.

– Je n'ai pas envie de le dire.

– D'accord, comme tu veux. Mais pour ta gouverne, à Mathare, il n'y a rien de nouveau sous le soleil. Comment penses-tu que les habitants gardent le sourire ? Quand ils arrivent, ils pensent qu'ils ont vécu la pire chose du monde. En quelques heures, ils apprennent que c'est faux. Ils se disent alors : « Comparé à mon nouveau voisin, j'ai vraiment de la chance. » Je connais une fille dont les parents ont été découpés en morceaux sous ses yeux, au Sud-Soudan.

– Découpés en morceaux ? répéta Makena en posant son beignet, son appétit envolé.

– Hum, hum ! Son histoire est dure à entendre, mais il y a toujours pire. Tu devrais voir les enfants soldats. Ils ont échappé à al-Chabab ou à l'Armée de résistance du Seigneur ou à Boko Haram. La plupart sont encore des bébés, mais ils tremblent et oublient leur propre nom comme des vieillards parce qu'ils n'arrivent pas à faire sortir de leur tête les choses horribles qu'ils ont vues et faites.

Elle ouvrit une canette et but une longue gorgée.

– Des orphelins de la famine, de la guerre, des morsures de serpent et de la malaria, on a de tout. Et puis il y a les orphelins d'Ebola, de Sierra Leone. On en voit de plus en plus.

– C'était Ebola, lâcha Makena. C'est ce qui a tué mes parents.

Neige haussa les épaules comme si le germe du Jugement dernier n'avait guère plus d'importance que le temps qu'il fait.

– C'est la vie. De temps à autre, elle nous réserve une mauvaise surprise. C'est pour ça qu'il y a au moins trois moments magiques par jour, pour compenser.

– Ah bon ? demanda Makena, dubitative.

Depuis quatre mois qu'elle était orpheline, elle ne se souvenait pas d'un seul bon moment. L'idée qu'il y ait des milliers d'enfants dans des situations plus épouvantables que la sienne ne lui apportait aucun réconfort. Ses propres blessures étaient trop à vif.

– Pourquoi trois moments magiques ? Pourquoi pas deux ou vingt ?

Neige compta sur ses doigts.

– Le lever et le coucher du soleil. Ça en fait deux. Quand je me réveille effrayée et affamée à Mathare et que la vie ne me semble pas valoir la peine d'être vécue si je dois rester coincée dans ce bidonville jusqu'à ma mort, je n'ai qu'à lever les yeux. Le soleil se fiche de briller sur la vallée de Mathare ou sur des gratte-ciel en or aux États-Unis. Il met toujours son plus beau costume pour la fête. Certains levers de soleil sont plus époustouflants que les autres, mais il n'y en a pas deux pareils. C'est comme si l'aube disait : « Si je prends la peine de me lever et de considérer chaque matin comme un nouveau départ, alors vous aussi, vous pouvez le faire. »

– Comment trouves-tu le troisième moment magique ? demanda Makena.

– Il est déjà là, en train d'attendre. Il suffit de garder les yeux ouverts. Pareil pour le quatrième, le cinquième ou le vingtième. Tu es en train d'en vivre un en ce moment. Ou en tout cas, je suis en train d'en vivre un, moi.

Makena fut étonnée de se rendre compte que c'était vrai.

À midi, Neige connaissait toute l'histoire de la vie de Makena. Cette dernière, en revanche, ne savait presque rien sur Neige et était trop timide pour lui poser des questions. Mais au milieu de leur compétition pour savoir qui connaissait le plus de paroles de chansons, Neige dit doucement :

– Tu t'interroges sur moi, pas vrai ? Tu te demandes comment je me suis retrouvée ici.

– Tu peux me le dire quand tu seras prête. Je ne suis pas pressée.

C'était vrai. Cela faisait longtemps qu'elle n'avait pas eu une amie à qui se confier, et elle n'avait pas envie de quitter l'espace vert enchanté sous la charrette de marché pour entamer la longue et chaude marche jusqu'au centre de Nairobi.

Pourtant, quand Neige se mit à parler, elle ne put contenir davantage son impatience.

– Commence par le début, lui lança-t-elle.

Mais Neige commença par le milieu, quand elle avait douze ans et que sa mère, sage-femme, l'avait emmenée là où elle était née : à Sumbawanga, dans la région des lacs, en Tanzanie.

C'était à l'époque des élections, un an plus tôt. En Tanzanie, on entendait parler chaque jour de personnes souffrant d'albinisme pourchassées comme des antilopes, tuées ou mutilées sur ordre des sorciers, de leurs clients ou de leurs apprentis. Des politiciens et d'autres fonctionnaires en mal de pouvoir croyaient que certaines parties du corps des albinos portaient chance ou attiraient la fortune.

Ils n'étaient pas les seuls. Des pêcheurs enlevaient des albinos pour leurs cheveux. Ils les tressaient à leurs filets, croyant qu'ils prendraient ainsi plus de poisson. Des mineurs broyaient les os d'albinos et enterraient la poussière obtenue, convaincus qu'elle se transformerait en diamants.

– Maman et Bibi, ma grand-mère, pensaient qu'on serait plus en sécurité dans mon village de naissance, loin de la ville, où ma mère travaillait dans une clinique. Nous connaissions ces familles depuis toujours. Mais le premier jour, les anciens sont venus trouver ma mère et lui ont ordonné de m'habiller en noir et de me laisser seule dans une hutte la nuit même. Ils lui ont dit qu'ils voulaient accomplir une cérémonie de bénédiction spéciale. Elle a compris tout de suite qu'ils voulaient m'enlever et peut-être me tuer. Dans certains endroits de mon pays, et au Malawi, la Tribu des Fantômes – c'est comme ça qu'on nous appelle – ne vaut rien vivante. Morts, on peut valoir jusqu'à soixante-quinze mille dollars. Je vendrais un doigt ou un pied si je n'avais pas peur qu'ils me manquent.

Makena était abasourdie. Elle n'arrivait pas à croire ce qu'elle entendait, et encore moins que Neige soit capable de blaguer à ce sujet.

– Qu'est-ce… Qu'est-ce qu'a fait ta mère ?

– Elle leur a dit qu'elle devait se rendre dans une boutique pour m'acheter des vêtements noirs. Ensuite, elle m'a déguisée et m'a mise dans un bus avec Bibi. Je m'accrochais à elle, la suppliant de me laisser rester. C'est la dernière fois que je l'ai vue. On a appris plus tard qu'elle était morte. Bibi m'a fait entrer au Kenya clandestinement. On a atteint Mathare avant que son cœur cède. Le bidonville, ç'a été trop pour elle.

Intérieurement, Makena était absolument horrifiée. Extérieurement, elle ne manifesta pas grand-chose. Elle avait l'impression que c'était comme ça que Neige s'en sortait, en prenant les choses à la légère.

Le chagrin et la fureur brûlaient dans les yeux de Neige.

– Maman et elle ont sacrifié leur vie pour moi. Un jour, je les rendrai fières.

Makena avait envie de la serrer dans ses bras, mais elle se retint.

– Tu les rendras fières. J'en suis sûre.

Neige mordit dans son beignet.

– Alors, où est le pot, maintenant ? demanda-t-elle, la bouche pleine, en crachant des miettes.

– Quel pot ?

– Ton pot de neige.

– Oh. Les gens qui habitent dans mon ancienne maison l'ont jeté à la poubelle.

– Alors ta mission est d'en trouver un autre. Tout le monde doit avoir une mission. Sinon, pourquoi se lever le matin – à part pour voir le lever de soleil ? Ça peut être la tienne. Un jour, tu rempliras un nouveau pot de neige.

– Ça ne serait pas pareil, répondit Makena avec

tristesse. Ce ne serait pas la neige que papa m'a donnée.

– Tss ! Tu ne survivras pas deux jours à Mathare si tu t'apitoies sur ton sort. Dans le bidonville, les détritus, c'est nous, les enfants. Si tu ne veux pas devenir folle, tu dois penser au jour où les choses vont changer. Ce cadeau que ton père t'a donné, pourquoi compte-t-il autant pour toi ?

– Parce qu'il comprenait. Il savait qu'il ne pouvait rien m'acheter au centre commercial – ni des disques, ni des vêtements, ni même des livres – qui signifierait autant que de la neige rapportée de ses mains du sommet de Batian. Je ne l'oublierai jamais.

– Alors ce n'est ni perdu ni cassé. Ce sera dans ton cœur pour toujours. Ça veut dire que tu es libre de remplir un autre pot. Ce jour-là, ta joie sera multipliée par deux.

Makena dévisageait Neige. Elle n'avait jamais rencontré quelqu'un comme elle. Ses mots étaient des bulles de lumière flottant entre elles.

Une sirène de police interrompit ce moment

magique. La rue sombra dans le chaos. Un hurlement, des cris et le claquement sec des balles. Des pieds courant près d'elles. Quelque chose heurta leur charrette avec une telle force que la bâche tomba, les exposant.

Makena plongea derrière le panneau rouillé dont elle s'était servie de dossier.

– Que se passe-t-il ?

La Neige décontractée avait disparu. Elle était en état d'alerte, aussi attentive qu'un loup.

– La guerre des gangs, voilà ce qui se passe, entre les talibans – ce sont des membres de la tribu Luo, pas ceux d'Afghanistan – et les Mungiki, une secte kikuyu. Certains les appellent « la mafia kenyane ». Ils se battent pour contrôler le trafic de *chang'aa*.

– C'est quoi, le *chang'aa* ?

– Du propergol. C'est la vérité vraie. Les gangs brassent cet alcool de contrebande à partir de mélasse et de millet ou de sorgho qu'ils relèvent ensuite avec du carburant pour fusées et de l'acide de batterie. Parfois, ils utilisent même du fluide d'embaumement. Tu sais, le truc dont se servent les pompes funèbres pour conserver les corps. C'est répugnant, mais de nombreux habitants de Mathare sont accros… Euh, il faut qu'on fiche le camp d'ici.

Elle prit la main de Makena.

– Maintenant ! Tout de suite, pas hier.

Makena retira sa main.

– Il faut que je retourne au centre-ville. Je n'ai pas peur de la police. Je n'ai rien fait de mal.

– Tu penses qu'ils te croiront ?

Deux camionnettes aux gyrophares bleus passèrent devant elles en hurlant. Les pneus crissèrent. Des policiers antiémeutes en sortirent avec des boucliers et des matraques. De jeunes hommes musclés, à l'allure belliqueuse, se massaient au bout de la rue.

Neige agrippa la main de Makena et refusa de la lâcher.

– Si on reste ici, dans le meilleur des cas, on va se faire tabasser, se prendre une balle perdue ou être emmenées en prison. Viens avec moi à Mathare.

– Je n'irai pas dans le bidonville ! s'écria Makena avec une véritable terreur. Pas question.

– Tu as une meilleure idée ?

– Non.

– Alors, cours.

LES SEIGNEURS DE MATHARE

Makena se servait de son doigt pour frotter vigoureusement ses dents avec la pâte qu'elle avait confectionnée à base de menthe sauvage et de sel de table. Neige lui avait proposé de partager la brosse à dents aux poils tordus qu'elle avait trouvée dans une poubelle, mais Makena avait refusé.

Elle n'aurait su expliquer pourquoi. Ces jours-ci, elle voyait et faisait des choses qui dépassaient de si loin ce qu'elle avait autrefois jugé acceptable qu'elles semblaient appartenir à une autre planète. Elle avait même utilisé des « toilettes volantes ». Trois semaines plus tôt, si quelqu'un lui avait dit que, nuit après nuit, elle ferait ses besoins dans un sac en plastique qu'elle jetterait ensuite dans la rivière de Mathare parce que braver les ruelles la nuit tombée était trop dangereux, elle aurait répondu qu'elle préférerait sauter d'une falaise. Aujourd'hui, c'était le moindre des nombreux défis à relever dans le bidonville.

N'empêche que se servir d'une brosse à dents de troisième main, ayant côtoyé de près des os de poulet pourris, ne lui était pas égal. Il fallait bien établir des limites.

Alors qu'elle attendait dans la queue devant le robinet qui sentait les égouts, Makena était presque contente que sa mère soit morte. Ainsi, elle ne connaîtrait jamais la profondeur de la déchéance de sa fille. C'était absurde, car si sa mère était encore en vie, Makena ne serait pas dans la vallée de Mathare. À cette heure de la matinée, elle aurait revêtu son uniforme tout propre et repassé, et serait prête pour aller à l'école. Elle aurait pris une bonne douche chaude et se serait brossé les dents avec du dentifrice Colgate et sa propre brosse à dents. Mais tout était absurde désormais.

Lors de sa première soirée hallucinante dans le bidonville, elle avait eu assez d'argent caché dans ses chaussures pour satisfaire ses besoins et ceux de Neige en chou, haricots, riz, dentifrice et shampoing pendant un mois, à condition de faire attention et de se rationner. Neige lui avait appris comment dissimuler l'argent aux yeux inquisiteurs et désespérés qui voyaient tout à Mathare.

Mais, finalement, l'argent avait disparu en une journée. Malgré les suppliques de Neige lui enjoignant de ne pas être une gourde stupide *mjinga,* Makena avait tout dépensé en beignets, noix et bonbons. Réprimant ses larmes, elle avait arpenté le bidonville pour les distribuer à tous les enfants affamés qu'elle avait pu trouver. C'est-à-dire la plupart d'entre eux. Le lendemain, c'était elle qui s'était réveillée affamée.

Les enfants du bidonville la surnommaient « Kissmass », leur façon de prononcer « Christmas », Noël. La plupart des après-midi, ils venaient la voir pour qu'elle leur raconte des histoires. Deux filles l'avaient surprise en train de raconter *Watership Down* à Neige. Chaque enfant de Mathare pouvait se retrouver dans l'histoire de cette famille de lapins forcée à quitter son terrier et à combattre le général

Woundwort et ses troupes de lapins aux yeux rouges et devant surmonter de grandes épreuves pour trouver une nouvelle maison.

Le lendemain, les filles qui avaient entendu ce récit avaient emmené deux amis, qui en avaient emmené deux autres. Désormais, plus une seule journée ne se passait sans histoire. Makena se perchait sur un baril de pétrole renversé et racontait à trente enfants ou plus *Le Petit Monde de Charlotte* ou l'ascension de l'Everest par Hillary et le sherpa Tenzing.

Elle se languissait des montagnes comme elle se languissait de ses parents.

Pour seules montagnes, Mathare avait ses flancs rocailleux – les vestiges de son passé de carrière – et ses innombrables collines de détritus. Quand il pleuvait, la rivière sortait de son lit et laissait derrière elle une traînée toxique de plastique, de verre brisé et d'excréments humains. L'odeur était innommable.

De temps à autre, des bénévoles travaillant pour des associations caritatives débarquaient et emportaient une partie des détritus dans des sacs, mais les ordures revenaient à chaque orage, souvent en quelques heures seulement.

Les eaux usées et les produits chimiques s'infiltraient dans la baraque rouillée à une seule pièce que Makena partageait avec Neige et deux autres filles, Janeth et Eunice. Le père de Janeth l'avait achetée avant de mourir. Elle faisait deux mètres carrés et se trouvait sur les berges de la rivière crasseuse, la zone réservée aux plus miséreux des miséreux de Mathare. Quand la rivière débordait, des familles entières étaient emportées.

Les quatre amies dormaient les unes sur les autres, sur un tas de carton. La nuit, des rats gros comme des chats en grignotaient les coins et passaient sur leurs jambes et leurs bras. Une fois par semaine, les filles lavaient leurs vêtements dans un seul seau rempli d'eau mousseuse de la rivière. Ceux de Makena passaient en dernier. Elle avait beau frotter de toutes ses forces son sweat et son pantalon d'escalade taché, ils ne perdaient jamais leur odeur de sueur et de désespoir.

Les jours de lessive, Makena restait assise avec Neige dans ses seuls T-shirt et sous-vêtements de rechange, en attendant que sèchent ses vêtements. Elle et Neige avaient la chance de posséder des affaires de rechange. Janeth devait se cacher dans la baraque, toute nue, le temps que ses vêtements soient partiellement secs. Les jours de pluie, elle ne sortait pas du tout.

Peu de baraques étaient séparées de leurs voisines par plus d'une largeur de main. Non seulement Makena pouvait entendre la femme dans la baraque à gauche chanter des chansons à son bébé ou gronder ses fils turbulents, et l'homme dans celle de droite ronfler comme une locomotive, mais elle connaissait les ragots de familles vivant cinq portes plus loin.

Elle savait par exemple que l'adolescent émacié qui habitait avec sa mère à trois baraques de la leur aimait un peu trop l'alcool de contrebande. Presque tous les matins, on le voyait affalé devant chez eux, la bouche ouverte aux mouches qui voulaient l'inspecter. Après l'avoir regardé dormir sept matins de suite et somnoler tout l'après-midi, Makena lança pour plaisanter :

– Quelque chose me dit que sa dernière bouteille de *chang'aa* ne contenait pas de carburant de fusée !

Ce fut la seule fois où elle vit Neige en colère.

– Tu trouves ça drôle ? Il suffit d'une mauvaise bouteille et il mourra. C'est ce que *chang'aa* signifie en swahili : « Tue-moi vite. »

En une semaine, la mauvaise bouteille était arrivée. Le jeune fut emporté dans une boîte, suivi par sa mère en pleurs. Le choc de son décès la tua quelques jours plus tard. La mort était tellement banale à Mathare que les voisins tournèrent à peine la tête. Une heure plus tard, une autre famille s'était installée dans leur baraque.

Makena enrageait à l'idée que les membres des gangs restent impunis, alors qu'ils concoctaient cet alcool dans des jerricans sur les berges de la rivière, au vu et au su de tous. Ils mélangeaient l'eau répugnante avec les ingrédients mortels du *chang'aa*. La boisson illégale rapportait des millions aux gangsters et aux fonctionnaires corrompus qui les laissaient faire. Ils se pavanaient dans le bidonville, parés de diamants et de bijoux en or : les seigneurs de Mathare. Ils étaient tous plus riches qu'ils n'en avaient jamais rêvé. Tout le monde se fichait qu'ils fassent souffrir des personnes parmi les plus pauvres de la planète.

Jour après jour, Makena se levait déterminée à élaborer un plan concret pour retrouver une vie « normale ». Elle était convaincue qu'il existait une solution. Un ami de la famille l'accueillerait. Sinon, elle ferait du stop jusqu'au mont Kenya et vivrait sur ses contreforts, ramassant du miel et du bois de chauffage pour le vendre, tout comme son père dans sa jeunesse. Elle économiserait jusqu'à pouvoir se permettre de retourner à l'école.

Mais se préparer à affronter le monde chaque matin était une opération épuisante, à Mathare.

Il y avait la lutte quotidienne pour trouver à manger avec peu ou pas d'argent alors qu'un demi-million de personnes faisaient la même chose. Makena devint experte à repérer un oignon solitaire ou une tomate écrasée ayant roulé sous la table d'un des vendeurs sur les routes en contrebas de Mathare. Neige savait quelles poubelles n'avaient pas encore été fouillées lors de recherche de briques de lait tourné ou de bananes plantains noircies.

Qu'elles reviennent avec deux carottes ratatinées ou une poignée de coquilles de cacahouètes, Eunice réussissait toujours à préparer une soupe aqueuse, à l'aide de quelques haricots séchés et d'épices *mchuzi*. Janice travaillait occasionnellement en tant que bonne et, ces jours-là, elle ramenait du *nyama choma* (du ragoût de chèvre) pour Eunice et elle. Comme Makena, Neige ne mangeait jamais de viande, alors Eunice leur rapportait de l'*ugali* ou des *sukuma wiki*. C'était un rare petit plaisir.

Certains jours, elles ne mangeaient pas du tout.

Elles survivaient, en quelque sorte, mais elles n'avaient guère d'énergie pour quoi que ce soit d'autre. Le miroir fêlé d'Eunice montrait à Makena que ses cheveux poussaient en touffes. Ses clavicules saillaient. Son T-shirt bâillait sur ses côtes.

Chaque fois qu'elle se figurait aller à l'École

internationale et demander une bourse, son imagination partait en vacances. Pourquoi quiconque parierait-il sur elle ? Elle ne cessait de remettre au lendemain la longue marche pour retourner en ville. Elle craignait que ce lendemain n'arrive jamais.

Enfin, ce fut au tour de Makena de se servir du robinet. Elle s'aspergea le visage et rinça sa bouche pleine de menthe et de sel, grimaçant en sentant le goût de l'eau nauséabonde.

Tandis qu'elle se penchait pour se frotter le visage avec un éclat de savon craquelé, se servant de la flaque à ses pieds comme d'un miroir, un souvenir lui revint. L'eau lui piquant les joues alors qu'elle se lavait le visage dans le beau et clair lac Rutundu, sur le mont Kenya. L'eau brouillant sa vision puis, comme un miracle, le renard à oreilles de chauve-souris. Il était si net, si réel. Elle le vit lever la tête et poser sur elle un regard sans peur. Il y avait des diamants d'eau dans ses moustaches.

Un grondement inhumain fit voler cette image en éclats. Makena se retourna brusquement, le cœur battant à tout rompre. Les enfants se dispersaient comme des passereaux devant le fusil d'un fermier. Un garçon resta assez longtemps pour tirer sur le T-shirt de Makena.

– Kissmass, cours, le Faucheur arrive !

C'était trop tard. Le soleil était caché. L'homme-arbre la dominait.

– Toi ! gronda-t-il en écrasant le bras de Makena avec sa patte brûlante. Je me souviens de toi.

Makena hurla. Neige, qui sortait de leur baraque en bâillant, attrapa un balai et courut à la rescousse de son amie.

Du coin de l'œil, Makena vit quelque chose pétiller et scintiller. Le géant le vit aussi. Il desserra sa prise.

Le savon sur ses bras l'aida à se dégager. Elle décampa, prenant la main de Neige sans s'arrêter de courir. La jeune albinos connaissait comme sa poche les petites allées du bidonville. Elles disparurent en quelques secondes. Elles entendirent pendant un temps fou le géant marcher bruyamment, furieux.

– C'est l'homme-arbre dont je t'ai parlé, chuchota Makena. Celui qui m'a attrapée pendant l'orage.

Neige la dévisageait.

– Et tu t'en es tirée ? Ça fait deux fois maintenant. Mieux vaut que le Faucheur ne t'attrape pas une troisième fois.

Un frisson traversa Makena.

– Pourquoi l'appelez-vous le Faucheur ?

– Parce que partout où il va, des enfants disparaissent. Il a de la bouillie à la place du cerveau et ne fait qu'obéir aux ordres. Il paraît qu'il travaille pour une personne haut placée, qui sait exactement ce qu'elle fait. Un homme qui conduit une Mercedes avec des vitres teintées et pas de plaques d'immatriculation. À Mathare, on l'appelle le Diplomate. Si le Faucheur te cherche, il va falloir surveiller tes arrières. Reste près de moi. Tant qu'on sera ensemble, tu seras en sécurité.

Makena éprouva une soudaine impression de déjà-vu. Son père ne lui avait-il pas dit la même chose quand les hyènes les encerclaient ? Il avait été tellement occupé à veiller sur elle qu'il avait oublié qu'il devait aussi faire attention à lui. Et maintenant, il était parti. Arriverait-il la même chose à Neige ?

Makena refusait de l'accepter. Si Neige voulait veiller sur elle, alors elle aussi veillerait sur Neige. Cette fois, quand les hyènes partiraient à la chasse, elle se tiendrait prête.

COQUELICOTS

Ce fut Neige qui se rappela l'anniversaire de Makena. Il y avait un calendrier promotionnel sur le mur de leur baraque, illustré par des photos de la faune kenyane. L'animal du mois de juin était un phacochère. Quand Neige la réveilla en fanfare, le 3, en chantant à tue-tête la chanson d'anniversaire de Stevie Wonder, comme si avoir douze ans dans la vallée de Mathare était un événement à fêter, Makena posa aussitôt les yeux sur le phacochère. Il avait l'air d'éprouver la même chose qu'elle. Si elle avait eu un oreiller, elle aurait enfoui sa tête dessous. Mais il en aurait fallu plus pour arrêter Neige. Même leurs colocataires souriaient tout en frottant leurs yeux pleins de sommeil. Elles chantaient en swahili :

Afya njema na furaha
Afya njema na furaha
Afya njema na furaha mpendwa wetu, Makena
Afya njema na furaha mpendwa wetu, Makena

Maisha bora marefu
Maisha bora marefu
Maisha bora na marefu mpendwa wetu, Makena
Maisha bora na marefu mpendwa wetu, Makena.

– Aujourd'hui, il va y avoir au moins six moments magiques, à commencer par le lever de soleil, annonça Neige après qu'elles eurent souhaité à Makena une bonne santé, du bonheur et une vie longue et fructueuse. Je viens de regarder dehors, et le soleil a mis ses plus beaux atours écarlates rien que pour toi. Tu vas regarder son spectacle et, ensuite, on s'est cotisées pour t'offrir une douche aux bains publics. Mais d'abord, tu dois ouvrir ton cadeau.

Elle lui tendit un paquet emballé dans du papier journal et attaché avec une ficelle.

Makena était profondément émue. Neige ne

possédait rien. À vrai dire, elle possédait moins que rien. Makena savait qu'elle avait dû employer beaucoup d'efforts et d'imagination pour trouver du papier journal et de la ficelle propres, sans même parler de ce qu'il y avait à l'intérieur.

– Ouvre-le ! la pressa Janeth. Le suspense est insoutenable.

Makena retira le papier comme si c'était une feuille d'or, et non la page Sports du *Daily Nation*. À l'intérieur, elle trouva un pot de confiture vide. Une étiquette fabriquée à partir d'un bout de carton déchiré était attachée au couvercle : « REMPLIS-MOI AVEC DE LA NEIGE. »

Leurs colocataires secouaient la tête.

– Un bocal vide ? On est pauvres, mais il aurait mieux valu ne rien lui donner du tout. Avec quelle neige va-t-elle le remplir, Diana ? Est-ce que tu vas te glisser à l'intérieur ?

Makena avait la gorge tellement serrée qu'elle pouvait à peine parler.

– C'est une longue histoire, que je vous raconterai un autre jour. Mais je vous promets que, même si

Neige était millionnaire, elle n'aurait pas pu m'offrir un plus beau cadeau.

Elle serra son amie dans ses bras.

– Merci, Neige. Je le garderai toute ma vie. Un jour, je trouverai le moyen de le remplir.

À Mathare, il existait deux sortes de personnes. Celles qui vivaient selon la devise *Mwenye meno makali ndiye mmaliza nyama* : « La personne qui a les dents les plus pointues finit la viande. » Et celles qui croyaient au proverbe *Msafiri mbali, hupita jabali* : « Celui qui voyage beaucoup franchira la montagne. »

À la grande surprise de Makena, la plupart des gens appartenaient à la seconde catégorie. Les rayons de lumière et d'amour qui brillaient dans l'obscurité de Mathare étaient pour elle une source d'émerveillement quotidien. L'espoir était partout. Il se frayait un chemin à travers la saleté et le désespoir comme une fleur sauvage poussant tant bien que mal dans le trottoir fissuré d'un quartier pauvre.

L'école la plus proche de sa baraque ne ressemblait en rien à celle qu'elle avait fréquentée autrefois. Nommée avec optimisme « l'Académie de la réussite », c'était plus une étable qu'un lieu d'apprentissage. Des plaques de fer rouillé avaient été soudées les unes aux autres pour former un espace long et étroit, à peine plus grand que l'ancienne salle de classe de Makena. Deux cents enfants s'y entassaient. Il n'y avait ni tables ni chaises. Des filles et des garçons de tous âges s'asseyaient à même la terre et partageaient une seule toilette – un trou putride, creusé dans le sol, entouré d'un paravent en métal.

Malgré ça, les élèves souriaient plus facilement que tous ceux qu'elle avait connus autrefois, et les professeurs étaient bien habillés et motivés.

Une professeure fraîchement diplômée vivait près de chez Makena, au bord de la rivière. Chaque jour, elle sortait, rayonnante, de sa baraque branlante pour aller à l'école. Makena la regardait partir avec une boule de la taille d'une balle de golf dans la gorge. Certains matins, elle pouvait à peine se retenir de courir vers elle et de sangloter: « Ma maman aussi était professeure. »

De nombreuses femmes du bidonville s'en sortaient tant bien que mal en vendant des sacs de grains et de haricots, ou en fabriquant des objets à partir de canettes de soda, de tissu et de cuir récupérés. Jusque tard le soir, elles piquaient du nez au-dessus de leurs marchandises, à la lueur des feux, espérant qu'un client moins pauvre qu'elles les aiderait à nourrir leurs enfants affamés.

C'était une activité très dangereuse. Chaque soir, elles affrontaient les Mungiki avec leurs dreadlocks et leurs machettes. Les talibans, qui rôdaient dans les allées pour racketter les habitants en échange de leur « protection », pouvaient se montrer tout aussi brutaux. La vie de ces femmes était courte et incroyablement difficile et, pourtant, elles riaient plus souvent et avec une joie plus intense que celles que Makena avait croisées dans les boutiques chics de Nairobi.

Cet après-midi-là, alors qu'elle se frayait avec Neige un chemin dans les allées encombrées et accidentées, les places en terre rouge résonnaient des cris et des grognements des garçons qui s'affrontaient férocement au jeu de *jwala*, un ballon de foot fabriqué avec des sacs plastique enroulés les uns sur les autres et maintenus avec de la ficelle.

Tous les garçons du bidonville rêvaient de porter la tenue jaune et vert du Mathare United Football Club, l'une des meilleures équipes du Kenya. Les plus doués exhibaient leur talent, dans l'espoir de se faire repérer par les découvreurs de Manchester United ou d'autres clubs légendaires. Pour la plupart, c'était leur unique chance d'échapper au bidonville.

Neige commentait le match en direct tandis qu'elles marchaient. Makena l'entendait à peine. Cela faisait presque un mois qu'elle vivait ici, mais elle n'avait jamais perdu l'impression d'être une proie, et pas seulement parce qu'elle craignait que le Faucheur ne se lance à sa poursuite. Des yeux l'observaient de tous les recoins de Mathare. La plupart étaient amicaux ou indifférents, mais certains étaient calculateurs.

Makena s'inquiétait plus pour Neige que pour elle-même. La vallée de Mathare grouillait de réfugiés venus de pays comme la Tanzanie ou le Malawi, où des enfants albinos se faisaient kidnapper tous les jours. Des murmures circulaient dans le bidonville, où certains qualifiaient Neige de « zéro » ou d'« invisible ». Neige faisait comme si elle n'entendait rien, mais ses sueurs nocturnes trahissaient sa terreur secrète de valoir plus morte que vive.

Elles dépassèrent la dernière baraque et gravirent le chemin rocailleux jusqu'à la bordure du cratère dans lequel s'étendait le bidonville. Quand elles parvinrent au sommet herbeux, la vue les captiva, pour toutes sortes de mauvaises raisons. Regardées de haut, les baraques et les cases en boue étaient si serrées les unes contre les autres qu'elles semblaient partager un même toit, surplombé par un nuage de pollution et de fumée de cuisson du *nyama choma*, du ragoût de chèvre.

– L'autre nom de Mathare, c'est le Kosovo, dit Neige. Tu sais, comme le pays d'Europe où il y a eu une grosse guerre. Quand les gens de Mathare ont vu les immeubles bombardés et les camps de concentration aux infos, ils ont dit : « C'est exactement comme chez nous ! »

Tout autour de Mathare se dressaient les barres

d'immeubles bancales des logements sociaux, croulants et gangrenés par le crime. Entre eux, quelques-uns des deux cents bidonvilles de Nairobi, des trous de non-droit et de misère. Kibera – qui signifie en nubien « forêt » ou « jungle » – était le plus grand d'Afrique, et l'un des plus grands du monde.

Makena frémit, pas seulement à cette vue, mais parce qu'elle avait des crampes. Janeth et Eunice lui avaient donné un sac de *mandazi* chauds – des pyramides de pâte moelleuses, frites et saupoudrées de sucre glace – rien que pour elle. Son estomac était sous le choc. Cela faisait des semaines qu'il était vide. Un film de sueur luisait sur sa peau.

Les crampes s'atténuèrent, et elle sourit à Neige.

– Grâce à toi, Eunice et Janeth, j'ai déjà eu cinq moments magiques aujourd'hui : un pot de neige, un magnifique lever de soleil, une douche, des *mandazi* et *Karate Kid*.

Elles s'étaient bien amusées au cinéma du bidonville à regarder Ralph Macchio vaincre son adversaire Cobra Kai sur un DVD piraté et crépitant.

Sous son chapeau mou, Neige étalait de l'aloe

vera sur ses bras et son visage à la peau claire pour apaiser un coup de soleil.

– Il te reste encore au moins un moment magique à venir. Le coucher de soleil, évidemment, mais je pense qu'on peut en trouver deux autres.

Elle posa l'un de ses regards intenses sur Makena.

– Tes montagnes te manquent, n'est-ce pas ?

– Un peu, admit Makena.

Pour elle, les montagnes et son père avaient été une seule et même chose, comme si la même lave ancienne crépitait dans leurs veines.

– Beaucoup. Comment as-tu dit que s'appelait le plus haut pic du mont Kenya ? Bat quelque chose.

– Batian.

– C'est ça.

Neige sauta légèrement sur le sommet du plus haut tas d'ordures.

– Viens ici. On va faire comme si on était assises au sommet du Batian.

Makena la rejoignit à contrecœur.

– Ça demande une bonne dose d'imagination.

– C'est pour ça que je t'ai fait ce cadeau – pour

t'aider. Tu n'as pas dit que tout ce dont tu avais besoin, pour te retrouver assise dans ta tête au sommet du mont Kenya, c'était de toucher ton pot de neige fondue ?

– Si.

– Eh bien alors ?

Makena ne put s'empêcher de rire. Elle sortit le pot de confiture de son sac à dos, le tint entre ses paumes et ferma les yeux. Oubliant la vallée de Mathare et l'odeur des ordures pourrissantes, elle s'imagina assise au bord du lac Rutundu, respirant l'odeur de la bruyère. De la neige scintillait sur les pics du mont Kenya. Tout autour d'elle s'étendait la lande teintée de mauve, et des aigles tournoyaient dans le ciel.

Un groupe de garçons chahuteurs la ramena brutalement à la réalité. Ils se mirent à fouiller dans les tas de déchets à côté d'elles.

Makena abandonna sa vision, mais pas son ambition de remplir un jour ce bocal de neige. Elle donna un coup de coude à son amie.

– Tu dis toujours à tout le monde d'avoir une mission. Quelle est la tienne ?

Une expression rêveuse envahit le visage de Neige.

– Je veux danser sur une scène et que mon nom soit écrit en néons, comme Michaela DePrince.

Elle plongea la main dans la poche de sa jupe et en sortit une page de magazine. Elle avait été pliée et dépliée si souvent qu'elle semblait sur le point de partir en lambeaux, mais Makena n'eut aucun mal à distinguer une ballerine noire en tutu rose brillant. Elle semblait voler – réellement voler – par-dessus les bâtiments en briques rouges de New York.

– Voici Michaela, dit Neige avec fierté. N'est-elle pas magnifique ? C'était une orpheline de guerre de la Sierra Leone.

– Une orpheline de guerre ?

– Oui, oui. Quand elle avait quatre ans, le vent a porté dans son orphelinat une photo de magazine montrant une ballerine en train de danser *Casse-Noisette*. Elle a décidé qu'un jour elle danserait et serait heureuse comme la fille de la photo. Sa professeure a été tuée devant elle et plein de choses horribles lui sont arrivées mais, finalement, de gentils Américains l'ont adoptée. Maintenant, elle danse pour le Ballet national des Pays-Bas, et je regarde sa photo et je rêve d'être heureuse comme elle. Après que j'ai lu son histoire, maman m'a acheté un livre sur le ballet, et j'ai appris quelques pas. C'est un cercle.

Makena admirait la photographie. La jeune femme semblait si forte et si gracieuse.

– Il y a déjà eu des danseurs albinos ?

– Des centaines ! Il y a des chanteurs albinos et des acteurs et des athlètes aussi. Certains sont célèbres, mais ce ne sont pas toujours les meilleurs. Personne ne pense jamais aux inconnus, parce qu'ils ne font pas vendre des billets hyper-chers, pourtant beaucoup d'entre eux ont fait des choses bien plus importantes. Ils ont aidé des gens blessés ou fait sourire des enfants victimes de la guerre. Ce sont des légendes dans le monde réel – notre monde.

– Mais tu veux quand même être sur scène avec ton nom inscrit en néons ?

– Oui ! s'écria Neige avec passion. Pas parce que je veux être riche et célèbre, même si c'est cool, bien sûr ! C'est surtout parce que je veux inspirer les gens comme Michaela l'a fait.

Makena décida à ce moment-là que, quand elle serait grande, elle aussi voulait inspirer des enfants et les encourager à être fiers d'eux-mêmes. Elle ne savait pas trop comment, mais elle trouverait un moyen.

Neige lui donna un coup de coude à son tour.

– Lis l'histoire de Michaela à voix haute. J'ai du mal à lire. Les mots s'emmêlent et partent dans tous les sens. Ils dansent, mais pas de façon agréable.

– Tu peux te faire aider pour ça. Avec des lunettes ou des lentilles de contact.

– Ici ? Dans le bidonville ?

– Peut-être pas ici, mais quand tu seras une danseuse célèbre.

– D'accord. Maintenant, lis-moi ce qui est écrit.

À la moitié de la page, Makena tomba sur une citation de Michaela.

– « Le corps est la toile de fond de l'histoire… »

Elle s'arrêta, perplexe. Neige gloussa.

– Elle parle du corps de ballet. Dans le livre que

ma mère m'a donné, ils expliquaient que c'était le nom des danseurs de ballet qui dansent ensemble, en groupe. Les danseurs étoiles, les danseurs principaux, sont ceux qui captent toute l'attention, mais le corps est comme une famille. Ils forment un tout.

La page se brouilla devant les yeux de Makena. Elle aussi avait fait partie d'un tout autrefois. Elle poursuivit difficilement :

– Michaela dit : « Le corps est la toile de fond de l'histoire, une forêt, une tempête de neige, un vol d'oiseaux ou un champ de fleurs. Un coquelicot rouge dans un champ de jonquilles jaunes attire le regard du public. Pourtant, je ne pense pas que la réponse soit de cueillir le coquelicot, mais plutôt de semer plus de coquelicots dans le champ de jonquilles. »

Neige rangea l'article dans sa poche.

– C'est ce que je vais faire. Je serai un coquelicot semant des centaines de graines de coquelicot.

LE FAUCHEUR

Est-ce que je peux demander une dernière chose ? lança Makena. Pour mon sixième moment magique ? Accepterais-tu de danser pour moi ? Le coucher de soleil pourrait être la toile de fond, et moi et tous ces petits enfants qui remontent la colline, ton corps de ballet.

Neige s'illumina comme une boîte pleine d'étoiles.

– Vraiment ?

– Oui, vraiment.

Neige appela le garçon le plus âgé sur le tas de déchets le plus proche.

– Hé ! Innocent ! Quelles chansons tu joues, avec ton groupe ?

Il s'approcha fièrement, martelant un rythme sur une boîte de conserve.

– On les connaît toutes.

– On va faire « Le Lac des vilains petits canards ». *Le Lac des cygnes*, mais version Mathare. C'est un ballet de Tchaïkovski. Vous voulez bien jouer pour nous ?

– Sans problème. On ne connaît pas ce Chomsky, mais si tu veux 2face Idibia, Pharell, Akon, Beyoncé, Ladyship Black Mambazo, on maîtrise.

Makena ne savait pas danser. « Deux pieds gauches, disait sa mère pour la taquiner. Bien pour l'escalade, mais peut-être pas pour la danse. »

Cependant, Neige ne voulut rien entendre et, avant même de s'en rendre compte, Makena suivait (plus ou moins) les pieds volants de son amie alors qu'elle réalisait des allegros et des cabrioles. Le groupe d'Innocent chantait et tambourinait énergiquement sur des seaux, des boîtes de conserve et une guitare fabriquée main, tandis que le soleil se couchait dans un embrasement flamboyant au-dessus des monticules d'ordures de la vallée de Mathare.

Des enfants de tout le bidonville les rejoignaient en courant. Leur public grandissait sans cesse. Mais la star du spectacle, c'était Neige. Elle était infatigable. Quand la nuit tomba et que les feux de cuisine et les lumières illégales de Mathare s'allumèrent en vacillant, elle sembla se transformer en une fille tout droit sortie d'un mythe ; libérée de la gravité.

Le tonnerre grondait, aussi bruyant que des bombes. Makena, qui s'était assise parce qu'elle avait mal au ventre, sentit le sol trembler sous elle. Les éclairs frappaient la décharge. Ils illuminèrent Neige alors qu'elle s'envolait, suspendue au-dessus de la vallée de Mathare comme Michaela l'avait été au-dessus de Harlem.

Soudain, un bulldozer arriva au sommet de la colline, accompagné d'un tsunami de déchets, et éblouit Makena avec ses phares. De la poussière lui entra dans les yeux. Essayant désespérément d'échapper à la ruée d'enfants, elle dégringola une pente sombre. Incapable d'interrompre sa chute,

elle roula jusqu'à heurter la route en contrebas et se tordit la cheville.

La douleur lui fit l'effet d'une décharge électrique. L'espace d'un instant, elle crut s'être cassé la cheville, qui enfla instantanément. Makena ne pouvait que boitiller avec peine, et courir lui était impossible.

Un deuxième bulldozer arriva et se mit à démolir une rangée de baraques. Sa progression était supervisée par des hommes agressifs et vociférants. Des résidents paniqués couraient en tous sens. Des sirènes de police s'ajoutèrent au vacarme ambiant. Un agent de sécurité repéra Makena et se dirigea vers elle d'un air menaçant.

Elle serra les dents et s'éloigna, moitié trottant, moitié clopinant. Un chaos d'enfants jaillit du bidonville.

– Cours, Kissmass ! lui cria une fille de son groupe d'histoires. Cours avec nous.

– Où est Neige ? demanda Makena. Est-ce que tu l'as vue ?

Une voiture de police entra dans la rue, toutes

sirènes hurlantes, et noya ses mots. Les enfants accélérèrent. Makena les suivit aussi vite que possible. Des gens filaient dans toutes les directions, certains traînant leurs affaires derrière eux, mais elle ne parvenait pas à rester à leur niveau.

Elle était de plus en plus paniquée et désorientée. Une famille tenta de la prendre avec elle, mais l'abandonna quand elle dut s'arrêter pour reposer sa cheville. Lorsqu'elle tourna au coin de rue suivant, elle était seule.

Ses crampes d'estomac étaient revenues et la migraine lui martelait le crâne. Elle espérait qu'elle n'avait pas le choléra. Une épidémie s'était déclarée à Mathare, et des membres des services de santé avaient distribué des prospectus encourageant les gens à se laver régulièrement les mains avec du savon et à éviter d'acheter à manger dans les rues. Les *mandazi* lui apparaissaient désormais comme un cadeau à double tranchant.

Étant donné l'état de son pied et de son ventre, Makena jugea que sa meilleure, voire son unique chance de survie serait de faire comme lors de sa première nuit à Nairobi : trouver une benne sous laquelle dormir.

Au matin, elle retournerait chercher Neige à Mathare. Elle convaincrait son amie de quitter le bidonville. Elles pourraient faire du stop jusqu'au mont Kenya et se nourrir de miel, de racines et de feuilles. Neige était talentueuse et pleine de ressources, et Makena comprenait la montagne. Ensemble, elles se débrouilleraient bien. Et quand elles auraient l'âge, elles pourraient économiser et partir au Royaume-Uni ou ailleurs en Europe, où Neige deviendrait une ballerine célèbre.

L'angoisse s'ajoutait au chaudron dans le ventre de Makena. Elle ne cessait de revoir Neige suspendue dans les airs alors que le bulldozer arrivait au sommet de la colline. Son amie avait-elle échappé à ses terribles chenilles et à sa grande mâchoire métallique, ou avait-elle…

Non, elle refusait de laisser cette pensée s'installer dans son esprit. Neige serait aussi triste et en colère que tous les habitants de Mathare. Elle aurait sans doute quelques bleus et égratignures. Mais elle se remettrait vite. C'était le propre des esprits libres : ils étaient indestructibles.

C'est alors que Makena remarqua la Mercedes arrêtée le long du trottoir. Des grains de poussière tourbillonnaient dans la lumière de ses feux arrière. Il n'y avait pas de plaque d'immatriculation sur son pare-chocs.

La terreur la paralysa. Si le Diplomate était là, le Faucheur ne devait pas être loin. Ils étaient probablement à la recherche d'enfants seuls.

De filles perdues, comme elle.

Telle une bête dans un conte de fées, une immense silhouette se déplia de derrière le véhicule : le Faucheur se relevait après avoir parlé avec le chauffeur.

Makena se laissa tomber par terre, cherchant désespérément une cachette. Presque immédiatement, elle reconnut la rue en face d'elle. C'était celle où Neige et elle avaient pique-niqué le jour de leur rencontre. Si elle parvenait à la rejoindre sans se faire voir, elle pourrait se cacher sous la charrette de marché. Elle pria pour qu'elle soit encore là. Dans tous les cas, elle prendrait un risque. La rue était une impasse. Si le Faucheur ou le Diplomate la voyaient, elle serait piégée.

Le monstre se pencha de nouveau, appelé par le chauffeur. Makena rampa derrière un mur bas et s'avança lentement. Elle avait de la chance : la charrette était dans l'ombre, recouverte d'une bâche.

Le Faucheur se redressa et partit à grands pas dans la direction opposée.

C'était maintenant ou jamais. Makena se lança aussi rapidement que sa cheville enflée le lui permettait. Malheureusement, la charrette était plus loin que dans son souvenir. Chaque pas et chaque respiration étaient une torture.

Elle y était presque lorsqu'elle trébucha sur une boîte de conserve dissimulée dans l'obscurité. Le bruit métallique résonna dans la rue silencieuse comme une cymbale frappée par un batteur.

Makena plongea sous la charrette. Pendant un moment, il ne se passa rien. Puis elle distingua le bruit étouffé de pieds qui couraient. Sa tête tournait ; son cœur tambourinait. Le géant l'avait-il vue ?

Il marchait désormais, d'un pas furtif et sûr. Elle l'entendait presque sourire. Elle ne pouvait rien faire. Il n'y avait nulle part où se cacher. Elle était à court d'options.

Le Faucheur s'arrêta à côté de la charrette. Il souleva la bâche et passa la main dessous.

SCINTILLEMENT

Vingt minutes plus tôt, sur l'autoroute Meru-Nairobi, Helen Stuart avait raccroché son téléphone et passé une main dans ses cheveux.

– Et voilà, avait-elle dit à sa collègue à l'arrière de la Land Rover Cœurs pour l'Afrique. Une confirmation officielle de Matron. Nous sommes débordées, en surcharge et, comme d'habitude, nous avons dépassé le budget. Le moindre lit, canapé ou matelas est occupé. On ferait mieux de rentrer à la maison. Je ne sais pas toi, mais je suis si épuisée que je serais prête à prendre une chambre à *La Plus Belle Vue*.

Les noms décalés des hôtels et des restaurants bon marché de Nairobi étaient un sujet de plaisanterie récurrent entre elle et Edna Wahome. *La Plus Belle Vue* les faisait particulièrement rire. Il s'agissait d'une baraque arc-en-ciel donnant sur un mur en béton.

Ni l'une ni l'autre ne savaient comment l'assemblage branlant de métal vert et rouge, au store rayé, constituant *La Nouvelle Soupe bouillante* en était venu à porter ce nom, mais essayer de le deviner les amusait beaucoup.

– Peut-être que *L'Ancienne Soupe bouillante* a fait faillite parce que sa soupe aigre-douce était tiède, suggéra Edna.

Ses préférés étaient ceux à l'orthographe créative : *L'Exellent Motel* et *L'Auberge Novatice*. Helen aimait les plus optimistes. *L'Hôtel majestueux* était une cage à lapins peinte en bleu ciel, et *Les Suites raffinées de Mama Africa,* trois chambres en parpaings décorées sommairement de fleurs et de lions. Elles aimaient toutes les deux *L'Auberge du singe funky*.

Alors qu'elles sillonnaient le Kenya, elles avaient instauré une compétition pour trouver le nom le plus drôle. C'était un passe-temps idiot, mais cela les faisait sourire. Et, dans leur milieu professionnel, toutes les occasions de sourire étaient bonnes à prendre – cette semaine plus que jamais.

Lundi, à 2 heures du matin, les bulldozers avaient fondu sur le bidonville de Kibera. Un promoteur immobilier avait acheté un lopin de terre et voulait qu'il soit libéré. Le propriétaire qui le lui avait vendu avait pris l'argent et s'était enfui sans en parler à ses locataires. En pleine nuit, les habitants avaient été chassés sans préavis de leurs baraques. Les voir fouiller dans les gravats le jour levé – pleurant la perte de leurs maigres biens, à la rue et sans nulle part où aller – était bouleversant. Edna et Helen avaient passé trois jours à essayer de mettre en place un programme alimentaire pour les enfants.

Ce soir, un mardi, ç'avait été le tour de la vallée de Mathare. Des bulldozers avaient écrasé plus de cinquante baraques. Comme toujours, c'étaient les orphelins qui souffraient le plus. C'étaient ces orphelins – et en particulier les filles – qu'Edna et Helen voulaient aider.

Ces quinze dernières années, elles avaient consacré leur vie aux enfants oubliés du Kenya. Elles s'étaient rencontrées alors qu'elles étaient bénévoles pour une association caritative internationale. Tout juste arrivée du Royaume-Uni, Helen était une jeune diplômée de l'université déjà folle amoureuse de l'Afrique. Edna, une Kenyane, avait récemment obtenu son diplôme d'infirmière.

Elles s'étaient liées d'amitié dès le premier jour. Elles avaient le même sens de l'humour pince-sans-rire et une foi têtue en la justice.

Elles avaient vite été déçues par l'organisation caritative. Des dons durement gagnés étaient gaspillés en véhicules flambant neufs, alors que des modèles d'occasion auraient très bien fait l'affaire. Les mécènes se faisaient offrir des safaris de luxe. Les patrons de l'organisation recevaient des bonus avec lesquels on aurait pu assurer pendant des années les besoins de villages entiers en nourriture et médicaments.

Après une dispute avec son manager à cause d'un déjeuner payé avec des dons destinés à des orphelins, Helen était partie. Edna l'avait suivie. Autour d'un thé *chai* de consolation, elles avaient élaboré un plan aussi fou que courageux. Elles allaient monter leur propre orphelinat au Kenya et donner de l'espoir aux enfants. La serviette en papier sur laquelle Edna avait écrit le nom qu'elles avaient trouvé était maintenant encadrée et accrochée au mur de leur bureau: Foyer pour filles Cœurs pour l'Afrique. Dans les bidonvilles, c'étaient les filles qui couraient le plus grand risque ; elles avaient donc décidé de commencer par là.

Leur premier orphelinat à six lits était aussi délabré que l'hôtel *La Nouvelle Soupe bouillante*. Leur deuxième était un bâtiment condamné.

Quinze ans plus tard, Helen avait encore du mal à croire qu'elles avaient transformé ce que son père, Ray, avait qualifié de « projet Bunker nucléaire » en foyer lumineux rempli de filles souriantes. Enfin, la plupart d'entre elles souriaient. Toutes étaient arrivées traumatisées. Il fallait du temps. Des jours, dans certains cas. Des années pour d'autres.

Edna et Helen croyaient fermement que l'amour

se cachait dans les détails. Dans les repas nourrissants de Rose, la cuisinière ; dans la bibliothèque minuscule, mais bien fournie ; dans les parquets cirés et la bougainvillée couleur prune se déployant devant les fenêtres.

La première année, les parents d'Helen avaient laissé leur maison dans les Highlands, en Écosse, pour venir camper deux mois sur le chantier. Avec le frère et le cousin d'Edna, ils avaient métamorphosé un hectare de gravats, de déchets et de terre en un jardin rempli de fleurs.

Depuis, ils venaient les voir chaque année, et on trouvait des touches écossaises dans le parc et dans l'orphelinat : des coussins au tissu écossais sur les canapés usés, de la lavande le long des allées. Ils avaient aussi rapporté un peu d'Afrique en Écosse. Rose avait donné des cours de cuisine kenyane à la mère d'Helen, et le cousin d'Edna avait appris à Ray à faire des sculptures sur bois.

Diriger Cœurs pour l'Afrique comportait beaucoup de difficultés, mais apportait également de grandes satisfactions. Deux anciennes orphelines avaient récemment obtenu leur diplôme à l'université de Nairobi. Néanmoins, Edna et Helen n'oubliaient jamais que, pour chaque orphelin sauvé, une centaine de milliers d'autres attendaient d'être secourus.

C'est pourquoi ce soir-là, comme souvent, elles en firent encore un peu plus.

– Je suis épuisée aussi, dit Edna, mais je crois qu'on devrait faire un dernier tour dans les rues autour de la vallée de Mathare. Cette épidémie de choléra est très inquiétante. Et si on passait à côté d'une enfant malade dont on aurait pu sauver la vie en arrivant à temps ?

– Mais où cette enfant va-t-elle dormir ? demanda Helen. On ne peut pas la mettre dans une tente dans le jardin. Attends ! Je sais...

– La bibliothèque ! lancèrent-elles à l'unisson, avant d'éclater de rire.

Elles étaient amies depuis si longtemps qu'elles avaient tendance à finir les phrases l'une de l'autre.

– Il n'y en a pas une pour rattraper l'autre, commenta Tambo, le chauffeur de Cœurs pour l'Afrique. Pas étonnant que l'orphelinat soit plein à craquer.

Helen ne lui prêta aucune attention.

– On pourrait attacher ce hamac qu'on nous a donné. Ce ne serait pas une chambre très conventionnelle mais, en même temps, ce serait plutôt romantique. Et si on tirait à la courte paille pour décider qui va l'annoncer à Matron ? Je ne suis pas sûre d'être assez courageuse.

– Je le ferai, répondit Edna. Wanjiru ne me fait pas peur.

Les rues autour de Mathare étaient jonchées de déchets abandonnés par les familles désormais sans abri. Du millet renversé, un T-shirt d'enfant, une chaise à trois pieds.

– La police et les promoteurs qui ont fait ça doivent avoir une calculatrice à la place du cœur, s'emporta Helen. Comment peut-on vouloir détruire des gens qui n'ont déjà rien ? Où leurs enfants vont-ils dormir cette nuit ? Ils n'ont nulle part où aller.

Edna jeta un coup d'œil à son amie. Elle semblait vidée. Elles avaient souvent eu cette conversation. Edna savait qu'elle reviendrait jusqu'à ce que les guerres s'arrêtent, que les sécheresses prennent fin et que les gouvernements soient moins corrompus.

– Tu es si bonne avec nos orphelines, Helen. Tu veux toujours avoir des enfants à toi un jour ? Tu en parlais tout le temps, avant.

– Si je rencontrais la bonne personne, j'adorerais avoir des enfants, mais il y a peu de chances que ça arrive. J'ai trente-huit ans, et les années filent de plus en plus vite. Quant à adopter, nous avons tellement d'orphelines que si j'en choisissais une, les autres trouveraient ça injuste.

– Selon mon expérience, ça se passe dans l'autre sens, dit Edna, qui avait déjà adopté trois de leurs orphelines. Ce sont les enfants qui te choisissent. C'est un peu comme tomber amoureux. Tu balaies une pièce du regard et une connexion se produit. Si l'autre la ressent aussi, alors vous vous appartenez.

– Ça paraît si simple, à t'entendre.

– Parfois, ça l'est.

Le téléphone d'Helen bipa. Elle lut le message et fronça les sourcils.

– Tout va bien ? demanda Edna.

– Je ne sais pas. Ma mère n'est pas en forme et mon père semble inquiet. Ça ne lui ressemble pas, comme tu le sais. Si on parlait swahili en Écosse, son deuxième prénom serait *Hakuna Matata*. Ray « Pas de soucis » Stuart.

Edna voyait exactement ce qu'elle voulait dire. Un Noël où les parents d'Helen avaient séjourné à l'orphelinat, un cobra égyptien s'était glissé dans le garde-manger. Ray l'avait calmement plaqué au sol avec un balai, puis l'avait ramassé et fourré dans un sac. Il l'avait ensuite relâché à la périphérie de Nairobi.

Cet incident faisait désormais partie de la légende de l'orphelinat. Ray n'avait pas compris qu'on en fasse tout un plat.

– Les cobras frappent plutôt lentement. Je n'ai jamais couru aucun danger.

Edna, qui avait horreur des serpents, frémit à ce souvenir.

– Si ta mère est malade, tu vas devoir retourner en Écosse ?

– Difficile à dire. Elle assure qu'elle ira mieux

dans quelques jours, mais la réaction de papa m'inquiète. Je l'appellerai demain matin. Pourras-tu te débrouiller sans moi si je dois partir en Écosse ?

– On pourrait donner une chance à Serena de nous aider. Elle est prête.

Serena était l'un de leurs grands succès. À l'âge de huit ans, elle avait perdu ses deux parents et une jambe. Peu après avoir lancé Cœurs pour l'Afrique, Helen et Edna l'avaient trouvée en train de mendier dans les rues dangereuses autour du bidonville de Korogocho. C'était désormais une élégante jeune femme de vingt-trois ans, diplômée en management. Son pied prothétique à la jambe gauche lui conférait un avantage certain quand elle jouait au foot avec les filles et le personnel de l'orphelinat.

– Bonne idée, acquiesça Helen, distraite. Serena nous serait d'un précieux secours.

Elle se pencha en avant et pointa le doigt.

– Tu vois là-bas, juste en face. C'est la Mercedes dont on nous a parlé. Celle qui n'a pas de plaques d'immatriculation. Que pourrait-elle bien faire, garée devant la vallée de Mathare à minuit, à part préparer un mauvais coup ? Et si tu appelais ton ami inspecteur, Edna ? Il pourrait demander à quelqu'un de mener l'enquête.

À ce moment-là, la Mercedes démarra et s'éloigna, mais Edna appela quand même la police.

Helen scrutait l'obscurité tandis que Tambo conduisait, craignant de rater une enfant malade ou abandonnée. Elles avaient trouvé des filles cachées dans des endroits incroyables – même des bennes à ordures.

Tambo freina brusquement.

– Que se passe-t-il là-bas, dans cette rue ? Cet homme… je crois que c'est le Faucheur.

– Le Faucheur ?

– Ce géant simple d'esprit dont on nous a parlé. Celui dont ces criminels se servent pour faire leur sale boulot.

Un homme massif était accroupi à côté d'une charrette couverte. Quand il se leva, ils se rendirent compte qu'il faisait plus de deux mètres. Il décampa en les voyant et sauta par-dessus un mur avec une agilité surprenante.

Edna rapporta cet incident à l'inspecteur et raccrocha. Elle aussi était exténuée.

– Les amis, je crois qu'on a fait tout ce qu'on pouvait pour ce soir. Rentrons nous coucher.

La voiture avança. Helen tapa sur sa vitre.

– Attendez ! Tambo, tu peux reculer un peu ? Je crois que j'ai vu quelque chose. Un renard, peut-être.

Tambo s'esclaffa.

– Il n'y a pas de renards à Nairobi, à moins qu'ils aient deux jambes. Ce devait être un bâtard. On ne peut pas se permettre d'accueillir un autre animal à l'orphelinat. On se croirait déjà dans un zoo avec deux chiens, trois chats et un lapin.

Helen ne savait pas trop ce qu'elle avait vu. On aurait dit un renard, mais ce n'était pas ce qui avait attiré son attention. C'était la traînée d'étincelles qui avait tourbillonné derrière lui lorsqu'il était sorti de sous la charrette. Si c'était un jeu de lumière, c'était magique.

– Je n'ai pas l'intention d'adopter un renard ou quoi que ce soit, Tambo, mais je crois qu'on devrait aller jeter un coup d'œil à cette charrette.

Et si le Faucheur était sur le point de s'en prendre à quelqu'un ?

– Allons voir, acquiesça Edna. C'est l'affaire d'une minute.

Ils s'engagèrent dans la ruelle. Tambo se gara, laissant tourner le moteur. Quand elle descendit, Helen sentit le vent frais de la nuit sur sa peau. Elle s'approcha prudemment de la charrette, une lampe-torche à la main. Le renard était parti, mais il pouvait avoir laissé derrière lui un compagnon blessé ou des petits. Elle avait aperçu un miroitement.

Elle s'agenouilla et souleva la bâche. Une fille émaciée aux immenses yeux en amande terrifiés recula pour échapper à la lumière. Elle serrait dans ses mains un bocal en verre.

– N'aie pas peur, dit doucement Helen. Je suis là pour t'aider, pas pour te faire du mal. Tu es en sécurité désormais.

La main de la fille était glacée dans la sienne. Elle s'était tordu la cheville et ne pouvait pas marcher. Helen la prit dans ses bras. La petite n'avait que la peau sur les os, mais Helen sentait son cœur battre à tout rompre.

Edna se précipita pour lui donner un coup de main tandis que Tambo surveillait le véhicule. L'endroit semblait désert, mais les apparences pouvaient être trompeuses à proximité des bidonvilles. Les Mungiki utilisaient les canalisations et les égouts comme des tunnels de contrebande. Ils pouvaient dépouiller une voiture de ses pneus, enjoliveurs et objets de valeur puis disparaître en quelques secondes.

Ensemble, les deux femmes allongèrent l'enfant sur les couvertures qu'elles avaient préparées à l'arrière du 4x4. Dès que sa tête toucha l'oreiller, elle perdit connaissance. Comme si elle avait tenu bon jusqu'à ce qu'elle se sente en sécurité. Ses mains se décrispèrent, et elle relâcha le bocal.

Helen le rattrapa avant qu'il ne s'écrase. Curieusement, il était vide. Une étiquette en carton déchirée y était attachée : « REMPLIS-MOI DE NEIGE. »

Le regard d'Helen passa du bocal à la petite fille, et tout son univers bascula.

– Tu veux bien appeler l'hôpital, Edna ? demanda-t-elle d'une voix faible. Dis-leur qu'on a un possible cas de choléra. Il faut qu'ils se tiennent prêts. On a une vie à sauver ce soir.

IL N'Y A QUE LES LIVRES QUI FINISSENT BIEN

Même dans ses rêves, les gens que Makena aimait s'en allaient toujours. Ceux qui voulaient lui faire du mal restaient. Les Mungiki et les hyènes fusionnaient ou les uns prenaient les traits des autres. Les hyènes avaient des dreadlocks et préparaient du *chang'aa* ; les Mungiki rôdaient dans les bois avec des yeux rouges. Dans ses cauchemars, tous fondaient sur elle, tous crocs dehors.

D'autres fois, elle était sous la charrette de marché, se cachant les yeux alors que le Faucheur passait la main sous la bâche. Le Diplomate la pourchassait dans sa Mercedes et, une fois, Priscilla tendit à Makena une assiette pleine de viande crue.

Chaque nuit, fiévreuse, Makena fuyait et, sans cesser de courir, cherchait en vain sa mère, son père et Neige.

– Tu ne les trouveras jamais, lui disait le Diplomate, penché à la fenêtre de sa voiture. C'est une tribu de fantômes. Invisibles.

– Vous mentez ! criait Makena. C'est un mauvais numéro.

Le quatrième après-midi, ces rêves sombres furent interrompus par une sensation irrésistible de chaleur et d'amour. Les hyènes étaient parties. Elle était sous l'eau avec Lucas, l'ami de sa maman, qui vivait avec les poissons dans sa grotte fraîche et verte.

– Elle me manque tant, lui disait-elle.

– À moi aussi. Mais si elle était là, ta maman te dirait de continuer à respirer, à lire et à escalader. Tu finiras par y arriver. Allez, respire avec moi.

– Comment ? demandait Makena. Nous sommes sous l'eau, dans une grotte. Je vais me perdre. Je n'arriverai pas à trouver la sortie.

– Tout ce que tu dois faire, c'est regarder vers

le haut. Donner un grand coup de pied pour te propulser. Nager vers la lumière.

Makena se réveilla en sursaut. Elle était dans une petite bibliothèque, entourée de livres. Une femme était blottie dans un fauteuil près de la fenêtre, en train de lire. Le soleil de l'après-midi entrait par la fenêtre, transformant ses cheveux emmêlés en flamme. Quand elle se rendit compte que Makena était consciente, elle se redressa si soudainement que son roman tomba par terre.

Elle sourit et dit quelque chose avec un accent britannique. Makena ne la comprit pas. Elle se rapprocha.

– Je suis désolée pour le hamac. Nous n'avons plus de lits. Tu as soif ? Sûrement. Ta température a atteint des sommets. Je vais aller te chercher de l'eau.

Elle se dirigea vers la porte. Makena fit une crise de panique. Elle se redressa difficilement dans son hamac, une douleur lui transperçant la poitrine.

– Ne me laissez pas ! Ne me laissez pas !

La femme se précipita vers elle. Makena crut l'entendre dire :

– Je ne te laisserai jamais, *Ninakupenda*. Je serai toujours là pour toi, je te le promets.

Puis le brouillard l'engloutit, et Makena ne put résister.

Après ça, les cauchemars ne furent plus aussi terribles. Le renard venait plus fréquemment et, une fois, Makena rêva qu'elle était de retour aux roseraies Tambuzi, sur les contreforts du mont Kenya. Elle se promenait main dans la main avec sa mère, dans le hangar d'empotage. Elle avait du mal à croire qu'au matin les roses seraient dans des avions pour rejoindre les tables de princesses, de pop stars ou de présidents dans des endroits aussi exotiques que Londres et le mont Fuji, tandis qu'elle, simple mortelle, n'aurait peut-être jamais les moyens de quitter le Kenya.

Les roses portaient des noms tels que Ladykiller, Patience, Charity ou Café Latte. La préférée de Makena était la Béatrice. La princesse Charlène de Monaco avait sa propre rose, aux pétales ondulés rose, saumon et abricot. Makena passait de fleur en fleur, posant le nez contre leurs pétales soyeux. Des parfums de jasmin, de pommes juste cueillies, de framboises, de vanille et de bonbons à l'ancienne lui emplissaient les narines.

Son cœur claquait comme un élastique. *Heureuse, heureuse, heureuse.*

Quand elle se redressa, sa maman était partie et le renard brillant était à côté d'elle. Il parla à son cœur sans dire un mot.

– Je ne te quitterai jamais, Makena. *Ninakupenda*. Je t'aime. Je serai toujours là pour toi, je te le promets.

Six jours plus tard, Makena refit surface, soudainement et complètement. Elle cligna deux fois des yeux. Les couleurs arc-en-ciel des livres inondaient sa vision. La femme aux cheveux flamboyants n'était plus dans le fauteuil près de la fenêtre. À sa place, une jeune Kenyane élégante tapait un message sur son téléphone.

– Où est l'infirmière ? demanda Makena d'une voix enrouée.

La femme se leva d'un bond.

– Tu es réveillée ! Je suis si contente ! Pendant un moment, on a cru t'avoir perdue.

Elle s'approcha du hamac avec un grand sourire.

Makena ne sourit pas.

– Où est-elle ?

– Tu dois parler d'Helen. Elle a à peine quitté ton chevet après qu'elles t'ont trouvée. Elle dormait même dans ce fauteuil. Edna et elle sont les directrices de Cœurs pour l'Afrique. Ce sont elles qui t'ont sauvée, tout comme elles m'ont sauvée, il y a de nombreuses années. Elles gèrent ce merveilleux orphelinat et moi aussi, désormais. Je m'appelle Serena.

– Mais où est Helen maintenant ? insista Makena. Elle a dit qu'elle serait là. Vous pouvez l'appeler ?

Serena sembla mal à l'aise.

– Non, chérie. Elle est partie.

– Quand reviendra-t-elle ?

– Elle ne reviendra pas. Pas avant longtemps. Elle a dû rentrer en Écosse. Elle vient de là-bas.

Une rage brûlante envahit Makena. Sur une étagère, entre les livres, se trouvait son bocal en verre vide avec son étiquette abîmée. À côté, la photo de papa et celle de papa et maman, que quelqu'un avait encadrées. Comme ses parents et Neige, Helen avait promis qu'elle serait toujours là. Makena l'avait entendue. Et maintenant, elle était partie, elle aussi.

– Il n'y a que les livres qui finissent bien, cracha-t-elle, furieuse. Dans la vie, ça ne finit jamais bien. Ce n'est qu'un gros mensonge.

Serena voulut lui prendre la main, mais Makena la retira brusquement et la cacha sous la couverture.

– Ce n'est pas vrai. Ça s'est bien fini pour toi, Makena. Tu aurais pu mourir. Tu avais le choléra. Grâce à Helen et Edna, tu as toute ta vie devant toi.

Makena la foudroya du regard.

– Vous ne comprenez pas, hein ? Je ne veux pas être en vie. Elles auraient dû me laisser mourir.

– Tu as traversé des épreuves difficiles. Beaucoup de nos filles ressentent la même chose quand elles arrivent ici. Laisse-nous une chance. Avec le temps, tu verras…

– Si la vie est pleine de fins heureuses, où est Neige ? Mon amie, Neige, l'avez-vous trouvée ?

– Helen m'a dit que tu parlais d'elle dans ton sommeil. La fille albinos ? Nous sommes inquiètes pour sa sécurité, nous aussi. Nous nous sommes renseignées, mais nous n'avons pas encore de nouvelles d'elle.

– Et mon père et ma mère ? Est-ce que vous allez remonter le temps et me les ramener ?

– Non, mais…

– Est-ce qu'Helen est là, comme elle me l'avait promis ?

– Non, mais…

– Est-ce que vous pensez que quelqu'un va m'adopter ?

– Nous allons essayer de te trouver une famille, bien sûr. Mais, après l'âge de quatre ou cinq ans…

– Je sais. Qui voudrait d'une gamine de douze ans, pas vrai ?

– C'est plus difficile, mais ça ne veut pas dire…

– Laissez tomber. Je ne veux personne. Ils finiront par s'en aller. C'est ce que font les adultes. Les amis aussi. Tout le monde s'en va.

Il y eut un long silence. Serena reprit, d'une voix fatiguée :

– Tu devrais manger quelque chose, Makena. Tu veux que je t'apporte de la soupe ?

Makena se tourna face au mur.

UN PAYS POUR LES OURS POLAIRES

Inverness, Écosse. Six mois plus tard…

Tiens-toi prête, Makena. Tu n'es plus en Afrique.

Makena remonta son écharpe sur son visage pour dissimuler une grimace. Elle savait très bien qu'elle n'était plus en Afrique. C'était on ne peut plus clair depuis que l'avion de Kenya Airways avait atterri sur la piste trempée de pluie de l'aéroport d'Heathrow. Plusieurs heures plus tard, un autre avion, en retard et secoué par le vent, l'avait déposée à Inverness, en Écosse, un endroit qui faisait passer Londres pour un paradis tropical.

Voilà où elle était désormais, fouettée par un vent aussi glacé que le congélateur de ses parents à

Nairobi. Par les jours de canicule, Makena avait aimé se pencher à l'intérieur et voler des cuillerées de la glace maison de sa mère.

À ce souvenir, des larmes brûlantes lui montèrent aux yeux. Helen Stuart, qui allait l'héberger le mois à venir, sembla ne rien remarquer. Ce n'était probablement qu'une coïncidence si elle serra Makena plus fort contre elle pendant qu'elles avançaient difficilement dans le parking obscur jusqu'à une vieille Jeep.

– Malheureusement, cette vieille titine ne connaît que deux températures : froid arctique ou canicule saharienne, dit Helen en démarrant. Garde ta veste jusqu'à ce qu'il fasse trop chaud.

La veste, la polaire et l'écharpe écossaise étaient neuves. Tout comme le jean. Gita, la bénévole de Cœurs pour l'Afrique qui avait voyagé jusqu'à Londres avec Makena, avant de la confier à une hôtesse de l'air pour « mineurs non accompagnés » de British Airways, l'avait enveloppée dans deux sweats en coton et un legging. Apparemment, il n'existait aucune défense contre l'hiver écossais.

Helen avait accueilli Makena avec un sac rempli de vêtements chauds et insisté pour qu'elle se change avant de quitter l'aéroport.

Helen semblait plus âgée que dans son souvenir, et plus blanche. Toutefois, ça faisait une demi-année qu'elle ne l'avait pas vue, et Makena n'avait alors été qu'à moitié consciente. Helen avait envoyé des cartes postales des Highlands, mais Makena leur avait à peine accordé un regard. À ses yeux, elles ne contenaient que des bavardages enjoués sur le rude climat écossais et sur les oiseaux et les daims qu'Helen voyait. Rien sur les raisons pour lesquelles elle était partie si soudainement et n'était jamais revenue.

« Des problèmes de famille. » C'était tout ce qu'Edna avait bien voulu dire.

Elle, Serena et Matron Wanjiru étaient devenues les mères de substitution de Makena. Elles étaient toutes merveilleuses, même la stricte Matron, mais Makena ne s'était pas autorisée à s'attacher à elles. Pourquoi l'aurait-elle fait ? Même les meilleures personnes faisaient des promesses qu'elles ne pouvaient pas tenir.

«On rentrera vite de Sierra Leone, avait dit sa mère. On n'aura pas le temps de te manquer.»

«Tu es en sécurité désormais, lui avait dit Helen. Je vais m'occuper de toi. Je ne t'abandonnerai jamais, je te le promets.» Et pourtant, c'était ce qu'elle avait fait.

Makena pensait que la directrice de l'orphelinat lui avait demandé de venir en Écosse pour Noël uniquement parce qu'elle se sentait coupable. Elle ne savait pas trop pourquoi elle avait accepté. Peut-être parce qu'elle était curieuse de voir l'endroit dont son père lui avait parlé si souvent. Elle devrait prendre garde à ne pas devenir trop proche d'Helen. Si on ne tenait pas aux adultes, ils ne pouvaient pas vous faire de mal. C'était aussi simple que ça.

C'était la même chose pour les amis. Neige et elle avaient été aussi proches que des sœurs siamoises. Et du jour au lendemain, Neige avait disparu sans laisser de trace. Edna et Serena avaient fait tout leur possible pour essayer de la retrouver, mais elle avait disparu de la surface de la terre.

« Présumée morte. » C'était ce que Makena avait entendu un inspecteur dire à Edna.

– Je n'en reviens pas d'avoir oublié les gants, soupira Helen.

Elle prit les mains sombres de Makena et les frotta rapidement entre les siennes, toutes pâles.

Gênée, Makena les retira.

– Ce n'est pas grave.

– Que dirais-tu d'un chocolat chaud ? proposa gaiement Helen en sortant une Thermos. La recette secrète de ma grand-mère. Tu peux refermer les doigts autour de la tasse. Ça t'évitera les engelures.

Makena ne répondit pas, mais Helen la servit quand même. Ses mains tremblaient quand elle lui tendit sa tasse, et Makena se rendit compte qu'elle aussi était nerveuse : sa voix était mal assurée.

– Je suis tellement contente de te voir, Makena. Merci d'être venue jusqu'ici. Tu dois être épuisée. Quand tu auras pris tes marques et que tu auras rattrapé ton sommeil en retard, j'espère que tu apprécieras ton séjour. Personne ne vient en Écosse pour le climat, mais ce pays a d'autres atouts pour voler ton cœur.

Elle inspira profondément.

– Bon, allons-y avant de nous transformer en statues de glace.

Elle fit une marche arrière. Un scintillement dans le rétroviseur attira l'attention de Makena. Quelque chose filait sur le bitume, rapide et bas. Des étincelles crachotaient derrière, comme la queue d'une étoile filante.

– Arrêtez-vous ! cria Makena.

Helen enfonça la pédale de frein. Du chocolat chaud éclaboussa le pare-brise et coula sur Makena.

– Oh, mon Dieu ! je suis désolée ! Tu t'es brûlée ?

Helen se mit à essuyer frénétiquement ses vêtements avec des mouchoirs en papier.

– Ça va, ça va.

Makena lui arracha la boîte de mouchoirs des mains et essuya elle-même sa veste dégoulinante. Elle était en Écosse depuis moins d'une heure et c'était déjà un désastre. Elle n'aurait jamais dû venir.

– Mes nouveaux vêtements sont fichus et c'est ma faute ! éclata-t-elle.

Mais Helen n'était pas fâchée ni contrariée. Elle souriait.

– Ne sois pas bête. Je mettrai tout dans la machine à laver et ce sera propre et sec demain matin. C'est ma faute, j'aurais dû prendre une tasse avec un couvercle. Et puis, tu nous as épargné un accident. Qu'est-ce que j'ai failli écraser ?

Elle se retourna pour balayer du regard le parking vide.

– Qu'est-ce que tu as vu ?

– Je ne sais pas trop, répondit Makena, ne voulant pas admettre que son esprit lui avait sans doute joué un tour. Mais j'ai vu quelque chose. J'ai bel et bien vu quelque chose.

DOUCE NUIT

Makena avait passé la plus grande partie du vol à essayer d'imaginer la maison d'Helen, convaincue qu'elle la reconnaîtrait au premier regard. À l'orphelinat, la chambre d'Helen était meublée d'un lit une place, d'un tapis tout simple, d'un tableau, d'une bible et de quelques romans écornés. Makena y avait jeté un coup d'œil, le jour où Serena s'y était installée, et avait été surprise que la codirectrice de Cœurs pour l'Afrique ait vécu aussi humblement dans une seule pièce. Edna, l'autre directrice, vivait dans un cottage dans le parc de l'orphelinat mais, après tout, elle était mariée et avait trois enfants.

Cependant, tout le monde savait qu'au Royaume-Uni les choses étaient différentes. Non pas que Makena se soit imaginé que tous les Britanniques habitaient dans des châteaux et de nobles demeures, mais elle était persuadée qu'Helen avait une grande maison.

Elle s'était mis en tête qu'elle serait couleur crème, qu'une longue allée sinueuse y mènerait, et que des colonnes encadreraient une porte vert forêt. Elle contiendrait forcément une bibliothèque. Apparemment, Helen aimait les livres autant qu'elle. Des jambons seraient pendus dans la cuisine (Makena essayait de ne pas penser aux jambons et au haggis), ainsi que des gousses d'ail. Le salon serait bien rangé, décoré d'objets anciens et meublé de fauteuils en velours. Helen et elle boiraient du thé et mangeraient des scones à la crème devant un feu de cheminée crépitant.

Sur la route à la sortie d'Inverness, elle aperçut une maison comme celle-ci, aux fenêtres chaleureusement éclairées. Mais Helen la dépassa sans ralentir et s'enfonça dans la nuit. La banlieue et des villages dotés d'une seule boutique cédèrent la place à des paysages mornes.

Les routes se vidèrent et, pendant un long moment, elles ne virent rien ni personne. Puis deux camions surgirent au sommet d'une côte en hurlant, et la bourrasque créée par leur passage faillit leur faire quitter la route. La cabine du premier camion fut brièvement illuminée. Le chauffeur était penché sur le volant, les joues crispées par la concentration.

Est-ce un homme ou un tokoloshe ? se demanda Makena. De ce qu'elle en voyait, l'Écosse semblait bien plus propice aux esprits aquatiques animés de sombres pulsions que l'Afrique ensoleillée. Elle les imagina cachés sous des ponts avec des trolls. Amadouant des chauffeurs routiers qui voulaient à tout prix rester éveillés, les mauvaises fées prendraient le volant de camions en route pour des villes lointaines. Plus tard, elles réclameraient leur paiement en haggis et en chocolats.

Penser au *tokoloshe* lui rappela le trajet jusqu'à Nanyuki avec sa mère et oncle Samson. Elle était si innocente, alors ; sûre de l'amour de ses parents, de son avenir aussi vaste que le ciel au-dessus d'elle.

Elle se revoyait bondir sur le siège arrière (elle sautillait tout le temps, à l'époque), folle de joie à l'idée de l'aventure qui l'attendait dans les montagnes. Elle avait été ennuyée que sa mère veuille faire un détour par les roseraies. « Tu es toujours tellement pressée, Makena... Si tu ne fais que courir, courir, courir, tu risques de rater ce qui se trouve juste sous ton nez. »

Sa mère avait eu raison. Makena était alors si obsédée par les jours à venir qu'elle avait eu du mal à se concentrer sur quoi que ce soit d'autre. Si sa mère avait été une autre sorte de personne, elles auraient pu dépasser Tambuzi sans même tourner la tête. Elles ne se seraient jamais arrêtées pour sentir les roses.

Quelques jours plus tard, ses parents avaient disparu pour toujours et, peu de temps après, elle s'était retrouvée à la merci de Priscilla.

Dès qu'elle avait eu repris des forces au foyer pour filles, Makena avait appelé son oncle, Serena l'ayant autorisée à se servir du téléphone de l'orphelinat.

Pendant tout le mois qu'elle avait passé dans le bidonville, Makena avait été rongée par un sentiment de culpabilité. Elle avait eu tort de convaincre le chauffeur routier de la déposer devant son ancienne maison, et c'était impardonnable de ne pas avoir contacté l'oncle Edwin pour le prévenir qu'elle ne s'était pas sentie capable d'aller chez les Ting.

En apprenant que sa nièce n'était jamais arrivée chez ses amis, Edwin avait forcément appelé la police. Pour ce qu'elle en savait, des inspecteurs avaient peut-être passé Nairobi au peigne fin pendant des mois, essayant de retrouver sa trace. Priscilla aurait pu regretter ses actes quelques heures après le départ de Makena. Depuis, Edwin et elle étaient peut-être en plein désespoir, craignant le pire.

– Ah, Makena, c'est toi, avait-il dit sans enthousiasme. Désolé de ne pas avoir donné de nouvelles, mais tu ne vas pas croire ce qui s'est passé depuis ton départ. J'ai vécu l'enfer.

Makena avait aussitôt imaginé le pire. Un de leurs enfants souffrait d'une maladie incurable.

Edwin avait été licencié et la famille, désormais sans ressources, s'était retrouvée à la rue. Priscilla avait abandonné les enfants et s'était enfuie avec son ami secret. C'était Edwin qui avait une maladie incurable.

Son oncle avait poursuivi d'une voix rauque :

– Priscilla nous a quittés, les enfants et moi. Elle s'est mise avec un riche avocat. C'est un divorcé, un homme terrible. Tout le monde sait qu'il battait son ancienne femme. Parce que je lui ai fait du tort, elle ne voit pas les choses clairement. Quand elle reprendra ses esprits, elle rentrera à la maison. Elle nous manque. On ne s'en sort pas sans elle.

– Je suis désolée, mon oncle.

Et c'était la vérité. Le bébé s'était mis à hurler. Son oncle s'était approché du berceau. Il avait fait couiner un jouet et secoué une cloche.

Makena avait éloigné le combiné de son oreille. Une fois le bébé calmé, il était revenu au bout du fil. Il semblait stressé.

– Comment ça va, Makena ? Le chauffeur m'a dit que tu étais dans une super-maison. Il a dit que, quand il t'a déposée, l'homme qui est venu t'accueillir était habillé comme un riche politicien et que la pelouse ressemblait au green du club de golf.

– Oui, j'ai beaucoup de chance, avait dit Makena, et c'était vrai.

Elle avait de la chance d'être au foyer pour filles Cœurs pour l'Afrique. Elle avait été sauvée des rues. D'innombrables enfants y vivaient toujours.

– Priscilla rentrera à la maison d'un jour à l'autre, avait marmonné Edwin. Ce serait mieux que tu n'appelles pas ici, Makena. Pas pendant un moment. Je ne veux pas qu'elle prenne peur et qu'elle fuie de nouveau. Si tu as besoin de moi, tu peux toujours me laisser un message au garage.

– Au revoir, oncle Edwin.

– Porte-toi bien, ma nièce.

Makena avait raccroché, se sentant aussi vide qu'un œuf de colombe tombé à terre, sa coquille nettoyée par les corbeaux.

Le trajet jusqu'à chez Helen lui parut interminable. La Jeep gravissait des collines en grognant et craquait dans les virages en épingle. Makena n'en pouvait plus de fatigue quand, enfin, une route de montagne les conduisit à un portail à cinq barres. Derrière se dressait un cottage en pierre sombre. Dans la lueur des phares, la fumée qui s'échappait de la cheminée zigzaguait dans le vent féroce. Sur un panneau grinçant étaient peints les mots : *La Grande Échappée*.

– C'est ma mère qui a trouvé le nom, dit Helen en riant. Pendant des décennies, mon père et elle ont eu des emplois sûrs et ennuyeux à Londres, jusqu'à ce qu'ils aient une illumination, une révélation. Ils ont décidé que ce qu'ils voulaient plus que tout, c'était vivre dans la nature, au milieu des montagnes, et faire quelque chose qu'ils aimaient. Alors ils ont plié bagage du jour au lendemain et… ils se sont échappés.

Elle sauta dehors pour ouvrir le portail, laissant entrer une rafale glaciale. Quand elle remonta en voiture, son visage était sérieux.

– Makena, il faut que tu saches que ma mère est morte à la fin du mois de juin. C'est pour ça que j'ai

dû quitter l'orphelinat – et toi – et que j'ai dû rentrer en Écosse en toute hâte. Depuis, mon père n'est plus le même. Le choc de la mort de sa femme a provoqué une légère attaque, et il a perdu la parole. Les docteurs disent qu'il n'y a aucune raison médicale. Quelle que soit la cause, il ne parle plus. Il ne fait pas grand-chose, pour être honnête. Ce que je veux dire, c'est qu'il ne faut pas que tu le prennes pour toi.

Elle sourit, mais son regard était triste.

– À présent que tu es au courant, bienvenue à *La Grande Échappée*.

Le couloir paraissait conçu pour des nains. Helen dut se courber pour y entrer. Mais le cottage semblait s'agrandir au fur et à mesure qu'elles avançaient. La cuisine était immense. Une vague de chaleur bienvenue enveloppa Makena, en provenance de l'Aga, un four à l'ancienne qui, comme les placards, était d'un bleu joyeux. La table en chêne était dressée pour le dîner, avec un cracker à côté de chaque assiette.

La cuisine donnait sur une pièce vitrée qu'on appelait « jardin d'hiver ». C'était un endroit agréable, meublé d'un canapé mou, d'une table basse sur laquelle s'empilaient des livres et d'un tapis persan. Il faisait trop sombre pour admirer la vue dehors, mais ça n'avait pas d'importance, car Makena n'avait d'yeux que pour une chose : l'arbre de Noël qui scintillait dans un coin.

C'était un arbre trapu, avec du caractère. À ses branches hérissées d'aiguilles étaient accrochés des rennes, des ours coiffés de bonnets de père Noël et des boules rouges, dorées ou argentées. Des étoiles clignotaient. Comme Makena s'en approchait, l'odeur du bois et des aiguilles la ramenèrent au mont Kenya. Elle poussa une exclamation ravie.

– C'est un épicéa de Norvège, dit Helen. Je pensais acheter un sapin classique, mais j'ai eu un coup de foudre pour celui-ci. Il ne manque qu'une chose : l'ange au sommet. Je me suis dit que je te laisserais l'accrocher.

Pour Makena, ces mots furent comme une douche froide. Elle n'avait pas le droit d'être heureuse.

Comment pouvait-elle être heureuse alors que ses parents étaient morts et qu'elle ignorait toujours ce qu'était devenue sa meilleure amie ?

– Je ne crois pas aux anges, répondit-elle sèchement, avant de se diriger vers la porte pour prendre sa valise. Où puis-je poser ça ?

Si Helen était déçue, elle n'en laissa rien paraître.

– Je vais bientôt te montrer ta chambre. D'abord, si ça ne te dérange pas, je voudrais te présenter mon père.

Dans le salon, le feu était en train de mourir. L'écran de la télévision était gris et crépitait. Helen alluma une lampe. Un fantôme d'homme était affalé dans un fauteuil, regardant l'écran sans le voir. Il remarqua à peine leur présence.

– Oh, papa, pourquoi es-tu encore resté assis dans le noir ? Et je t'ai dit une centaine de fois que si tu n'appuies pas sur le bouton DVD de la télécommande, ça ne marche pas.

Elle éteignit la télévision, exaspérée.

– Papa, voici Makena, qui va passer Noël et une grande partie du mois de janvier avec nous. Vous avez beaucoup de choses en commun, et je suis sûre que vous allez très bien vous entendre. Le père de Makena était guide de montagne, lui aussi. Il a mené des dizaines d'expéditions jusqu'au sommet du mont Kenya. Makena, voici Ray.

Makena s'approcha timidement. Elle lui tendit la main, nerveuse.

Les yeux de Ray passèrent sur elle, aveugles. Quand ses doigts touchèrent les siens, ils étaient aussi froids et osseux que ceux d'un squelette. Makena se retint avec peine de hurler.

– Qui a faim ? demanda Helen d'une voix faussement enjouée. Makena, papa, vous voulez de la soupe et deux, trois choses à grignoter ?

Son père secoua la tête sans enthousiasme.

La nourriture dans l'avion avait été immangeable et Makena était affamée, mais l'idée qu'on lui serve de la panse de vache remplie de cœur, de foie et de poumon de mouton avec de l'avoine lui coupa l'appétit.

– Je n'ai besoin de rien. Merci, ajouta-t-elle, se rappelant ses bonnes manières. S'il vous plaît, je suis très fatiguée. Ça ne vous dérange pas si je vais me coucher maintenant ?

Helen ouvrit la bouche et la referma aussitôt. Alors qu'elle la précédait dans l'escalier, Makena l'entendit marmonner :

– À ce rythme-là, la nuit de Noël va vraiment être calme...

LIONS, RENARDS ET OURS

Au foyer pour filles Cœurs pour l'Afrique, les cauchemars de Makena s'étaient vite arrêtés après l'arrestation du Faucheur et du Diplomate. En réalité, le Diplomate n'était pas du tout l'attaché d'une ambassade étrangère. C'était un homme d'affaires cupide, lié à la mafia mungiki. Il payait une misère le Faucheur, dont le vrai nom était Demetrios, pour qu'il fouille les bidonvilles à la recherche d'enfants perdus suffisamment en forme pour travailler dans son usine de vêtements de sport. En échange de ce qui, selon un garçon, était du ragoût de rat, et d'un logement à peine digne d'accueillir du bétail, ils devaient travailler nuit et jour à fabriquer des baskets et des polos.

D'après Serena, Demetrios lui-même avait été abandonné bébé. Le marin qui l'avait trouvé sur les docks de Mombasa l'avait appelé Demetrios parce que le dernier bateau à avoir quitté le port retournait à Athènes. C'était le seul prénom grec qu'il connaissait.

– Le Faucheur est grec ? s'était étonnée Makena, se rappelant le géant qu'elle avait vu dans l'orage.

Il avait surgi de la pluie battante, tel Zeus, le dieu redoutable du Tonnerre et de la Foudre.

Quand elle avait su son histoire, ses cauchemars avaient disparu, peut-être parce qu'elle ne le voyait plus comme un monstre, mais comme un autre destin tragique de la vallée de Mathare. Au cours de son dernier mois à l'orphelinat, elle avait dormi du sommeil sans fond des désenchantés de ce monde, dans son hamac, dans la bibliothèque.

Pour cette raison, ce fut particulièrement éprouvant pour elle de faire un nouveau cauchemar dès sa première nuit à *La Grande Échappée*.

Dans celui-ci, ses parents étaient vivants, mais hors d'atteinte. Chaque fois qu'elle essayait de les toucher, ils s'évaporaient comme de la brume.

– Essaie encore, répétait sa mère. Rapproche-toi pour que je puisse te serrer dans mes bras. Tu me manques tant.

Makena essuya ses larmes et s'assit dans son lit. Elle détestait déjà l'Écosse. Ce n'était bon que pour les ours polaires. Et dire qu'Helen pensait que Makena avait des choses en commun avec son sinistre père ! Certes, il avait été guide de montagne, comme Baba. C'était une drôle de coïncidence. Mais à part ça, elle se sentait comme une étrangère dans une maison étrange. L'idée d'être coincée au milieu de nulle part avec Helen et Ray pendant des semaines entières lui paraissait trop affreuse. Pourtant, elle n'avait pas le choix.

Trouverait-elle un jour un endroit où elle se sentirait chez elle ?

En secret, elle avait eu hâte de découvrir l'Écosse. Bizarrement, elle pensait que ce séjour l'aiderait à se sentir plus proche de son père. Il avait adoré ses clients écossais et avait toujours dit que les Highlands présentaient une ressemblance saisissante avec la lande du mont Kenya. Pour l'instant,

Makena n'avait aperçu le paysage qu'à travers un pare-brise éclaboussé de pluie, dans le demi-cercle blanc des phares, mais elle n'avait trouvé aucune ressemblance. Elle s'était attendue à de la neige, pour commencer ; or elle n'avait vu qu'une succession de montagnes et de collines grises comme de l'étain.

Elle rencontrait le même problème avec Helen. Maintenant qu'elle savait que la directrice de l'orphelinat avait quitté Nairobi pour rejoindre sa mère mourante, elle se sentait coupable de lui en avoir voulu d'avoir fait ce qu'il fallait pour être avec sa famille. C'est juste que Makena n'avait pas de famille. Et qu'elle aussi avait eu besoin d'Helen à ce moment-là.

Quand elle y repensait maintenant, elle ne savait plus trop pourquoi. Les semaines où elle avait été malade étaient si embrouillées qu'elle se rappelait à peine cette femme. Mais elle se souvenait de ce qu'elle avait ressenti en sa présence. Une chaleur intense. Dans les mois qui avaient suivi, Makena avait tour à tour détesté Helen de l'avoir sauvée et éprouvé un lien profond avec elle.

La nuit, à l'abri des regards des autres orphelines, elle avait lu des livres dont on lui avait dit qu'ils étaient les préférés d'Helen : *Les Quatre Filles du docteur March* et *Le Lion, la sorcière blanche et l'armoire magique*. Elle s'était surprise à tendre l'oreille dès que quelqu'un parlait des difficultés qu'Helen et Edna avaient rencontrées en tant que directrices de Cœurs pour l'Afrique – certaines drôles, d'autres terribles. Elles avaient risqué leur vie au quotidien en tenant tête à des officiels corrompus, à des gangsters armés et à des propriétaires de bidonvilles malfaisants alors qu'elles parcouraient les zones de non-droit du Kenya pour aider les enfants. Serena les idolâtrait toutes les deux.

– Sans elles, je ne serais pas ici aujourd'hui. Elles ont fait bien plus que me sauver la vie. Elles ont vu la personne que j'étais vraiment, derrière la crasse et ma jambe en moins. Elles m'ont convaincue que je méritais d'être sauvée. Maintenant, j'ai un diplôme de management et je peux aider ma communauté comme j'ai été aidée.

Sur les photos, Helen semblait toujours être en

train de rire. Ses cheveux flamboyants étaient coiffés en carré indiscipliné, comme si elle avait été appelée pour secourir un enfant au beau milieu de sa coupe chez le coiffeur.

Quand on lui avait annoncé qu'Helen l'avait invitée à passer Noël en Écosse, Makena avait oscillé entre le ressentiment, persuadée qu'elle l'invitait pour de mauvaises raisons, et une joie secrète à l'idée que, parmi toutes les filles de l'orphelinat, ce soit elle que la directrice avait choisi d'accueillir pendant un mois.

Mais l'Helen souriante des photos de l'orphelinat et celle qui était venue la chercher à l'aéroport n'étaient pas du tout les mêmes. L'Helen écossaise était terne, tant extérieurement qu'intérieurement. Plus elle essayait de se montrer amicale et détendue, plus elle semblait anxieuse.

Makena savait mieux que personne que la perte d'un parent pouvait vous anéantir. Que vous pouviez vous tenir droit, plein de projets d'avenir, et vous retrouver d'un seul coup enterré vivant sous les décombres de votre vie. Même si vous réussissiez à vous en extraire en rampant, un couteau invisible restait planté dans votre poitrine. Par moments, vous pouviez à peine respirer tant vous aviez mal.

Cependant, Helen avait une maison. Elle avait aussi un père. Ce n'était pas la même chose qu'être seule au monde, à des milliers de kilomètres de son pays.

Même quand on prenait en compte son deuil récent, Ray n'était pas non plus à la hauteur du Ray légendaire de l'orphelinat. Le Ray de Nairobi avait coupé du bois, posé du parquet, construit des murs et créé à mains nues un jardin à partir d'un tas d'ordures. Il avait maîtrisé un cobra et insisté pour le relâcher dans la nature. Le Ray écossais ne semblait pas capable d'affronter une taupe naine du mont Kenya, et encore moins de guider des gens dans la montagne. Makena se demandait si les histoires à son sujet avaient été exagérées.

Elle s'interrogeait aussi sur son billet d'avion. Peut-être qu'on pourrait le changer. Elle pourrait raconter à Helen que l'Afrique lui manquait trop et qu'elle voulait repartir par le prochain vol. Quels que soient ses problèmes, Helen avait bon cœur. Elle ne pourrait pas refuser.

Le réveil sur la table de nuit de Makena indiquait 2 h 15 du matin, mais elle n'arrivait pas à dormir. Ce n'était pas que le lit était inconfortable. La couette était aussi molletonnée que les nuages qui flottaient à mi-hauteur du mont Kenya, trop paresseux pour monter plus haut.

Quant au matelas, après le canapé aux ressorts saillants de chez son oncle, le carton nauséabond qu'elle avait partagé dans le bidonville et le hamac de l'orphelinat, disons simplement qu'elle l'appréciait à sa juste valeur.

Malheureusement, ce lit se trouvait en Écosse, un pays qu'elle comptait quitter le plus vite possible. Elle ne doutait pas qu'Helen avait fait beaucoup d'efforts pour rendre sa chambre sous les toits la plus accueillante possible. La bibliothèque prenait un mur entier. C'était un véritable trésor. Helen lui avait dit qu'elle pouvait se servir. Quel dommage que Makena ne puisse pas rester pour en profiter !

Une girafe en bois veillait sur elle dans un coin, et un carnet à dessin ainsi qu'une boîte de crayons étaient posés sur un petit bureau. Au-dessus était accrochée une peinture représentant des troupeaux de girafes et de zèbres qui broutaient dans une plaine, avec le mont Kenya couronné de neige au loin. Seules deux choses dans cette pièce appartenaient à Makena : les photos de ses parents, et le pot de confiture vide de Neige avec son étiquette froissée. Elle les avait placés sur sa table de nuit dans l'espoir de se sentir un peu plus chez elle.

Makena chercha la lampe à tâtons. Si elle voulait partir après le petit déjeuner, autant se préparer dès maintenant. N'arrivant pas à trouver l'interrupteur, elle remonta le store pour laisser entrer la lumière de la lune.

Il neigeait ! Des flocons passaient devant sa fenêtre comme des pétales de roses blanches, et s'amassaient en tas dans le jardin.

Hypnotisée par ce monde merveilleux, elle enroula la couette autour de ses épaules et s'appuya contre le rebord de la fenêtre. L'ordinaire était devenu extraordinaire. Les arbres dénudés portaient désormais des manteaux léopard. Les buissons et les arbustes s'étaient transformés en une parade de lions, de tigres et d'ours. La montagne était un gâteau de Noël, ses rochers escarpés recouverts d'un glaçage blanc.

Elle avait envie de se ruer dehors, de tournoyer dans la neige et même de s'y rouler. Elle voulait se perdre dans sa magie.

Un mouvement attira son attention. Une silhouette dans la neige. À sa grande surprise, c'était Ray. Il portait quelque chose.

Avec une vivacité démentant sa carrure frêle, il traversa le jardin jusqu'à un abri et disparut à l'intérieur. De longues minutes passèrent. Makena commençait à s'inquiéter. Il faisait un froid glacial, et Ray était en pyjama et robe de chambre. Elle se demanda s'il fallait qu'elle réveille Helen. De toute évidence, il perdait la boule. S'il n'arrivait pas à se servir d'une télécommande, il n'avait rien à faire dans la neige en pleine nuit.

Elle rassemblait son courage pour appeler Helen

quand Ray ressortit, tenant la porte de l'abri de jardin comme s'il attendait que quelqu'un le suive. Makena appuya son visage contre la vitre froide. De petites créatures se dispersèrent dans la neige. Elle plissa les yeux. Étaient-ce des chiots ?

Ray posa sa lampe-torche sur un banc et s'assit. Quatre boules de poils orange déboulèrent dans le faisceau de lumière. Des renardeaux.

Le souvenir du renard à oreilles de chauve-souris avec des diamants d'eau dans les moustaches lui revint avec une grande clarté. Ceux-ci étaient différents, mais tout aussi adorables. Ils couraient en cercle, esquivant les ombres et essayant de mordre les flocons de neige. Ray se pencha, et ils lui mordillèrent les doigts.

Au bout d'un moment, il tenta de les prendre dans ses bras. Ils décampèrent, amusés par ce jeu. Il lui fallut un peu de temps pour réussir à les faire rentrer dans l'abri.

Makena attendit qu'il retourne au cottage. Il était en pantoufles. Il devait avoir les orteils congelés. Mais il resta là où il était. Éteignant sa lampe, il

contempla la montagne. Les flocons duveteux tombaient de plus en plus vite, se posant sur sa tête et sur les épaules de sa robe de chambre.

Alors, quelque chose d'encore plus étrange se produisit. Un renard argenté apparut à côté de lui. Il avait une queue étonnamment touffue, scintillante comme une étoile. Ray ne se retourna pas ni ne réagit d'aucune manière à sa présence. Ils restèrent juste là à admirer les pics enneigés.

Makena les regarda jusqu'à ce que ses yeux commencent à se fermer tout seuls. Elle s'allongea. Quelques secondes plus tard, elle dormait profondément.

L'INTERMÉDIAIRE

Elle se réveilla après 9 heures, si affamée qu'elle aurait pu manger son propre bras. Helen avait préparé le petit déjeuner. Le porridge était l'une des choses que Makena aimait le moins (avec le gruau de fortune d'Eunice dans la vallée de Mathare), mais Helen l'avait agrémenté de pommes cuites à la cannelle et de sirop d'érable. Il était délicieux.

Elles mangèrent dans la cuisine chaude. C'était une magnifique matinée, avec un grand ciel bleu, et la vue des montagnes, blanches avec des fissures de granit, remplit la poitrine de Makena d'une sensation si puissante qu'elle en eut le tournis.

Son père lui avait toujours dit qu'elle avait l'air des montagnes dans le sang. Les parents de

Makena avaient randonné jusqu'au Point Lenana quand elle était encore dans le ventre de sa mère, et ils disaient souvent pour plaisanter que le mont Kenya était dans son ADN. Dans son premier souvenir, elle regardait son père rentrer d'une expédition avec ses cordes enroulées autour d'une épaule et des crampons, des piolets et d'autres outils accrochés à son sac à dos ou rangés dedans. Elle n'avait jamais douté que, quand elle serait grande, elle serait guide de montagne, comme lui.

Mais ce rêve s'était enfui depuis longtemps. Désormais, sa plus grande ambition était de survivre aux vingt-quatre prochaines heures. Elle ne voyait pas de montagnes dans son avenir. À supposer qu'elle ait un avenir. Pourtant, tandis qu'elle contemplait la crête blanche acérée, dont les dents mordaient le ciel clair, elle ne put s'empêcher de ressentir cette attraction familière.

Helen s'approcha avec un verre de jus d'orange alors que Makena essayait de trouver le courage de lui avouer qu'elle détestait l'Écosse et qu'elle voulait rentrer en Afrique par le prochain avion.

– Vous êtes de vraies marmottes, mon père et toi, Makena. Tant mieux. Je suis sûre que tu avais besoin de dormir, après ce long voyage. Je vais peut-être aller voir papa, cela dit. Il a toujours été un de ces lève-tôt agaçants, aussi gai à 4 heures du matin en pleine tempête de neige qu'une personne normale à 10 heures en plein été. Depuis la mort de maman, il passe beaucoup plus de temps au lit. Parfois, j'ai l'impression qu'il n'a pas envie de se lever. Mais 9 h 30, c'est tard, même avec ses nouvelles habitudes.

Elle réapparut précipitamment, téléphone à la main.

– Il est brûlant. J'appelle le docteur. Je pense qu'il a de la fièvre.

Alors, tout revint à Makena. Ray et les cinq renards. Les quatre petits, joueurs, et le majestueux renard argenté. Elle s'était demandé si elle avait rêvé tout ça. Et si Ray avait attrapé une pneumonie à force de traîner en pyjama dans la neige ?

Elle était terriblement indécise. Fallait-il qu'elle dise quelque chose ? Elle décida que non. Pour une raison étrange, cela lui aurait semblé déloyal.

Dès que le petit déjeuner fut terminé, Helen se mit à préparer du minestrone pour son père.

– Une autre recette de ma grand-mère. Le meilleur remontant que je connaisse. Si avec ça il ne guérit pas, je ne sais pas ce qu'il faudra.

– Ça ne vous dérange pas si je sors voir la neige ? demanda timidement Makena.

Si elle devait quitter l'Écosse bientôt, elle voulait remplir le pot de Neige. Ainsi, elle aurait honoré la promesse faite à son amie.

– Bien sûr ! Mais tu es certaine de ne pas vouloir attendre que je vienne avec toi ? J'avais tellement envie qu'on partage ça ensemble.

Makena ne répondit pas. La neige était sacrée. C'était le lien entre elle, son papa et sa meilleure amie. Quand elle la toucherait pour la première fois, elle voulait être seule.

Une expression de douleur passa sur le visage d'Helen, mais elle la dissimula sous un sourire.

– Couvre-toi bien, ma chérie, et reste là où je peux te voir, devant la vitre du jardin d'hiver.

Makena avait imaginé la neige pendant si

longtemps que son crissement de riz soufflé ne fut pas une surprise. En revanche, sa brillance perlée, si. Elle s'agenouilla, sans se soucier de mouiller son jean. Elle fit une boule de neige compacte et jongla avec.

Des larmes brûlantes lui montèrent aux yeux. À Nairobi, elle avait tellement voulu que la neige dans son pot reste aussi glacée et immaculée que sur le pic de Batian. Aujourd'hui, elle aurait tout donné pour retrouver son ancien pot rempli de neige fondue, virant légèrement au vert, et pour que ses parents soient encore vivants et l'aiment encore.

Elle entendit frapper à la vitre du jardin d'hiver.

– Makena, tu veux bien rentrer maintenant, avant que je me retrouve avec deux malades sur les bras ? Je t'ai préparé une tasse de chocolat chaud. Avec des marshmallows !

Makena vit que la neige fondait entre ses doigts. Elle se leva. Elle avait l'impression d'avoir mille ans. Elle se rendit compte qu'elle avait oublié de descendre le pot de confiture de sa chambre. Il faudrait qu'elle trouve le temps de le remplir avant de quitter l'Écosse.

L'état de Ray empira rapidement. Helen essayait de minimiser la gravité de la situation mais, de toute évidence, elle était inquiète. Le docteur Brodie, un homme à la barbe rousse assez fournie pour abriter une famille de souris, venait lui rendre visite à intervalles réguliers. Il avait diagnostiqué une bronchite. On avait envisagé l'hôpital, mais Ray refusait d'en entendre parler.

Blottie auprès du feu avec un roman policier, Makena ne pouvait s'empêcher d'écouter le débat houleux. L'accent écossais prononcé du médecin résonnait dans l'escalier.

– La mauvaise nouvelle, c'est qu'il est plus têtu qu'une mule arthritique. La bonne, c'est qu'il a des années de vie saine derrière lui. À l'apogée de sa carrière de guide, c'était l'homme le plus en forme que j'aie jamais rencontré. Des muscles comme du granit. Des poumons comme ceux d'un dauphin. Continuez de lui donner de la tisane d'ortie et du minestrone et il s'en sortira.

Cette nuit-là, Makena n'arrivait pas à dormir. Elle n'arrêtait pas de penser à Ray, tombé malade parce qu'il avait joué avec les renards orphelins dans la neige. Leur avait-il aussi apporté à manger ? Et dans ce cas, ne devaient-ils pas être affamés désormais ?

Makena bondit hors de son lit et enfila tous les habits d'hiver qu'elle possédait. Grâce à Helen, elle en avait beaucoup. Elle descendit l'escalier sur la pointe des pieds. Dans la cuisine, elle s'arrêta et tendit l'oreille. Pas un bruit. Elle ouvrit le frigo. Que mangeaient les renardeaux ? Et surtout, que pourrait-elle prendre dont l'absence ne serait pas remarquée ?

Elle finit par déchirer quatre tranches de pain qu'elle mit dans un bol avec quelques œufs crus. Ça avait l'air dégoûtant, mais après tout, elle n'était pas un renard.

Sortir du cottage fut le plus effrayant. Quand elle ouvrit la porte de derrière, elle était aussi nerveuse qu'un voleur sur le point de forcer un coffre-fort. S'il y avait une alarme, elle serait dans le pétrin.

Il s'avéra que la porte n'était même pas verrouillée.

– Il n'y a pas beaucoup de criminalité par ici, lui avait dit Helen.

Quand elle repensait à la zone de non-droit qu'était Mathare, Makena ne comprenait pas comment elle avait fait pour s'en tirer.

Elle commença à traverser le jardin enneigé, agrippant la lampe-torche qu'elle avait trouvée sur une étagère dans le couloir. À chaque pas, elle s'attendait à entendre un cri, mais le cottage resta sombre.

Elle n'osa allumer la lampe qu'une fois arrivée devant l'abri. Quatre visages roux terrifiés la regardaient d'un nid de couvertures. Elle avait eu peur qu'ils refusent d'accepter de la nourriture d'une inconnue, mais ils avaient trop faim pour s'en préoccuper. Ils poussèrent des jappements ravis quand elle posa le bol par terre. Elle s'assit et les regarda manger jusqu'à ce que leurs ventres soient pleins à craquer.

Quelque chose s'alluma en elle, un sentiment de joie oublié. Avant qu'il puisse s'emparer d'elle, elle se leva brusquement. Alors qu'elle se précipitait vers le cottage, espérant que la neige qui tombait dissimulerait ses empreintes de pas, elle vit bouger

les rideaux de Ray. Elle regarda la fenêtre, les yeux plissés, mais ne distingua rien d'autre.

Dans la cuisine, elle lava et rinça le bol avant de retourner dans sa chambre à pas de loup. Elle eut du mal à trouver le sommeil. Elle était loin du Kenya, dans l'un des endroits les plus froids du monde, et pourtant, soudain, elle avait chaud au cœur.

UN POT DE NEIGE

À partir de cette nuit-là, Makena prit l'habitude de sortir entre minuit et l'aube. Elle s'enhardit suffisamment pour jouer avec les renardeaux dans la neige, bien qu'elle prenne soin d'effacer toutes leurs traces ensuite. Elle ne vit pas une seule fois le renard argenté avec sa queue magnifique.

Comme Noël approchait, Helen se mit en quatre pour que Makena ne se sente pas oubliée pendant la maladie de Ray. Quand elle ne préparait pas des bouillons ou des bouillottes, elle et Makena confectionnaient des ours en pain d'épice, regardaient *Le Magicien d'Oz* et allaient se promener.

Makena avait décidé d'attendre que Ray aille mieux pour demander à rentrer en Afrique. Cela lui aurait paru injuste d'ajouter aux soucis d'Helen dans une période aussi difficile.

Makena était surprise de la vitesse avec laquelle elle avait retrouvé la forme. Chez ses parents, à Nairobi, elle avait travaillé dur pour l'entretenir, gravissant et descendant son mur d'escalade, courant à l'école et jouant au tennis avec sa mère dans le but d'être un jour assez forte pour escalader des montagnes.

Un après-midi qu'elle se promenait dans une forêt enneigée avec Helen, elle se rendit compte avec stupéfaction que l'éléphant était descendu de sa poitrine. Elle semblait l'avoir abandonné dans la vallée de Mathare. Après le vacarme et la foule du bidonville, les ruisseaux de montagne purs et jaillissants, le silence et l'espace des Highlands représentaient un luxe auquel elle essayait encore de s'habituer.

Lorsqu'elles sortirent de sous les arbres, une heure plus tard, le ciel bas et sombre ressemblait à une braise qui se consume. Elles traversaient un champ de neige fraîche lorsque le soleil d'hiver perça les nuages. Le paysage blanc prit vie en scintillant, comme illuminé par des rayons laser. Makena ouvrit une poche latérale de son nouveau sac à dos et en sortit le pot de confiture vide.

Sans plus de cérémonie, elle le remplit de neige. Il n'y eut pas de mise en scène, de chanson ou de danse. Cela lui semblait juste le bon moment pour le faire. Lorsqu'elle remit le couvercle, elle pria pour que, où que se trouve Neige, dans ce monde ou le suivant, elle soit en train de danser.

Helen la regarda sans rien dire. Quand elles se remirent en marche, elle prit la main de Makena. Celle-ci fut tentée de la retirer, mais elle ne voulait pas lui faire de la peine. Au bout d'un moment, elle se rendit compte que c'était agréable.

– Difficile de croire qu'à l'automne tout ce coin est tapissé de bruyère violette, déclara Helen. Quand papa et moi avons randonné sur le mont Kenya, nous n'en revenions pas que la lande de l'Afrique de l'Est ressemble autant à la nôtre. Nous avons dormi dans un des chalets en bois de Rutundu, au bord d'un lac magnifique. C'est l'endroit où le prince William a demandé à Kate de l'épouser.

– Je connais ces chalets ! s'exclama Makena, oubliant sa règle lui interdisant de parler de ses parents avec Helen ou qui que ce soit d'autre. Mon papa et moi avons campé près de Runtundu. Sur les berges de la rivière Kathita.

Le visage d'Helen était radieux, comme sur les photos de l'orphelinat.

– Est-ce que tu as entendu rire les hyènes, la nuit ? C'était si perturbant que je n'ai pas pu dormir.

– Moi non plus. J'ai fait un cauchemar.

– J'étais une vraie boule de nerfs, moi aussi, dit Helen en riant. Je n'arrêtais pas d'imaginer les hyènes se rapprochant en meute des chalets. Papa m'a rappelé que, comme les vautours, elles préfèrent les charognes – tu sais, la chair en décomposition –, mais je n'étais pas convaincue. As-tu vu les truites du lac Rutundu ? Elles sont aussi grosses que des baleines blanches.

Prise dans le moment, Makena s'entendit répondre :

– J'ai vu un renard à oreilles de chauve-souris sur le rivage du lac Rutundu. Il buvait et, quand il a relevé la tête, il y avait des diamants d'eau dans ses moustaches. Quand je l'ai dit à papa, il m'a répondu qu'il n'y avait pas de renards sur le mont Kenya, mais je crois qu'il a fini par me croire.

Helen ne parut pas étonnée.

– On trouve des renards dans les endroits les plus improbables. À Londres, il y en a dans tous les jardins de banlieue. Un jour, un couple de renards est entré dans un restaurant près de Picadilly Circus. Bizarrement, j'ai cru voir un renard le soir où nous t'avons trouvée à Nairobi, Edna et moi. Nous nous apprêtions à repartir quand il a attiré mon attention. Apparemment, il n'y a pas de renards à Nairobi, alors j'ai dû me tromper, mais j'ai bel et bien vu quelque chose. Quoi que ce soit, il a laissé une traînée d'étincelles derrière lui. Une illusion lumineuse, je suppose, mais c'était magique.

– Une traînée d'étincelles ?

Le sol tanguait sous les pieds de Makena. Elle se rappelait la créature qu'elle avait aperçue sur le parking de l'aéroport, suivie d'étincelles comme de la cendre brûlante.

– Oui. Sans ça, on serait repartis sans aller voir sous cette charrette de marché. Quand je pense qu'on aurait pu ne jamais te trouver, ça me donne des palpitations.

Elle s'arrêta.

– Tu ne te sens pas bien, Makena ? Tu as l'air un peu chancelante. On est peut-être sorties trop longtemps. Il fait un froid glacial.

– On ne peut pas se tromper toutes les deux, dit Makena, reprenant ses esprits. Au sujet des renards, je veux dire.

– Il existe aussi une autre explication.

– Laquelle ?

– Que nous avons toutes les deux une imagination hyperactive, répondit Helen en souriant. Même si, personnellement, je trouve que c'est quelque chose qu'il faut encourager. J'adore cette citation d'Einstein : « La logique vous mènera d'un point A à un point B. L'imagination vous mènera où vous voulez. » Il la définissait comme « un aperçu des attractions à venir de la vie ».

Elle croisa le regard de Makena et détourna les yeux, gênée, alors qu'elles prenaient toutes deux conscience qu'elles étaient en train de vivre un moment de complicité mère-fille. Elle changea rapidement de sujet.

– Tu vois le clocher de l'église, dans la vallée entre ces collines, et les points noirs à côté ? C'est l'école du coin. Certains enfants vont en classe à cheval. En cours d'éducation physique, ils pratiquent des sports classiques comme le football et le hockey, mais ils apprennent aussi à faire du kayak, de l'escalade et du ski.

– Il y a une école comme celle-là près du mont Kenya. Elle se trouve pile sur l'équateur. Certains enfants prennent leur petit déjeuner chez eux dans l'hémisphère Sud et le déjeuner à l'école dans l'hémisphère Nord. C'est vraiment cool.

Makena avait toujours voulu aller dans cette école et elle trouvait réconfortant d'apprendre qu'à l'autre bout du monde des enfants écossais aimaient aussi les aventures en plein air. Elle avoua à Helen qu'elle s'était à demi attendue à ce qu'ils soient trop occupés à jouer aux jeux vidéo et à regarder la télévision pour s'intéresser à la nature.

– Certains enfants écossais préfèrent en effet la télévision et les nouvelles technologies aux grands espaces, expliqua Helen. Je pense que c'est le cas des enfants du monde entier, de nos jours. Mais d'après mon expérience, les enfants des Highlands comprennent que, si ces choses-là sont amusantes, c'est dans la nature qu'on vit les plus belles aventures.

– Est-ce que c'était ton école, celle dans la vallée ?

– Malheureusement non. La mienne se trouvait dans une rue polluée de Londres, avec une cour de récréation en béton. J'avais dix-huit ans quand mes parents ont déménagé en Écosse et je n'étais pas prête à quitter les lumières de la ville. J'ai passé mon diplôme à Londres, puis j'ai pris une année sabbatique pour faire du bénévolat au Kenya. Je suis tombée amoureuse du pays et de son peuple, mais pas de l'organisation caritative. Edna et moi étions jeunes, enflammées et idéalistes. Nous avons jugé que nous ferions du bien meilleur travail toutes seules. Parfois, ç'a été le cas ; d'autres fois, ç'a été un désastre, mais je ne regrette pas un seul moment. D'une certaine manière, Cœurs pour l'Afrique a été l'amour de ma vie. Mais les choses ont changé. Dans l'avenir proche, ma vie est ici. Je ne me fais pas de souci pour l'orphelinat. Edna et Serena feront un travail formidable sans moi, et je peux les aider en organisant des collectes de fonds au Royaume-Uni. Mais l'Afrique me manque, comme elle te manque sans doute aussi. Je l'ai dans le sang. Jusqu'à la mort de ma mère, j'avais passé plus de temps au Kenya qu'en Écosse.

Elle posa les yeux sur la montagne menaçante.

– C'est nouveau pour moi aussi.

PAS D'ANGE

La veille de Noël, quand Makena descendit, elle trouva Ray assis sur le canapé, sous une pile de couvertures. Il mangeait un toast tartiné de Marmite et regardait un documentaire sur les pingouins en Antarctique. Même s'il était aussi émacié et grisonnant qu'un épouvantail, il avait repris des couleurs.

Un sourire flotta sur ses lèvres quand il vit Makena. Il semblait sur le point de parler, mais Helen entra et il reporta son attention sur l'écran.

Ce jour fut l'un des jours les plus agréables que Makena se souvenait avoir vécu. Un ami de Ray vint veiller sur lui quelques heures, et Helen et elle se rendirent au café *Glencoe*, près du loch Leven. Il y avait un renne en saule grandeur nature sur le pas de la porte. Makena commanda un chocolat chaud surmonté de crème fouettée et de marshmallows roses. La serveuse qui le lui apporta portait un bonnet de père Noël.

Une trentaine de personnes faisaient des achats de dernière minute dans la rue principale. D'après Helen, le village était « bondé ». Lors de ses premiers jours en Écosse, Makena s'était demandé où étaient tous les gens. Les Highlands semblaient presque inhabités. Et puis, elle avait compris. Le froid mortel décourageait les visiteurs.

Makena trouva le village de Glencoe ravissant, mais beaucoup moins intéressant que Les Trois Sœurs, L'Escalier du Diable, Buachaille Etive Mor et Buachaille Etive Beag, les montagnes qui donnaient à Glencoe son atmosphère de ville frontière.

Le Ben Nevis, la montagne la plus haute de Grande-Bretagne, ne faisait que mille trois cent quarante-six mètres, moins d'un tiers de la taille du mont Kenya. Mais les montagnes écossaises compensaient leur petitesse par leur rudesse battue par les vents. Le caractère sauvage des rochers et des nuages qui projetaient des ombres en forme de dragon sur le village donnait la chair de poule à Makena. Elle était obligée de revoir son opinion sur Ray. S'il avait été guide ici, il devait avoir été coriace par le passé.

Cet après-midi-là, elle aida Helen à préparer des tartelettes de Noël aux fruits secs. Elles les dégustèrent tièdes et couvertes de crème devant le feu. Étrangement, le fait que le vent rugisse dehors les rendait encore plus délicieuses.

Quand la nuit tomba, Helen et Makena lurent tour à tour *Le Lapin de velours* à haute voix. Ray s'était suffisamment rétabli pour pouvoir s'asseoir et sculpter un morceau de bois avec un petit couteau. Peu à peu, deux oreilles pointues apparurent. Makena fut surprise de découvrir qu'il était l'artiste à l'origine des superbes sculptures d'animaux qui parsemaient le cottage.

– C'est la première fois que je le vois travailler le bois depuis la mort de maman, lui confia Helen, d'une voix où la peine se mêlait au soulagement.

Ray était encore faible et continuait de tousser, ce qui était inquiétant. À un moment, elles relevèrent les yeux de leur livre et virent qu'il était monté se coucher. Makena était fatiguée, elle aussi. Les renardeaux étaient merveilleux, mais le manque de sommeil commençait à se faire sentir.

Avant de monter dans sa chambre, elle alla prendre un verre d'eau dans la cuisine. L'arbre de Noël clignotait joyeusement dans le jardin d'hiver. Makena aurait aimé que sa mère soit là pour le voir. Elle avait toujours adoré Noël. Les branches inférieures luxuriantes de l'épicéa se courbaient tout autour d'une pile de cadeaux attachés avec des rubans et des nœuds dorés, roses et rouges.

Un sentiment de culpabilité la frappa avec force. Qu'est-ce qui n'allait pas chez elle ? Était-elle si déloyale qu'elle avait déjà oublié que ses parents, tante Mary et sa meilleure amie étaient partis et n'avaient pas la chance de profiter de Noël ?

Elle foudroya l'arbre du regard. Il lui manquait toujours un ange.

LE MAIL

Le cliquetis du radiateur qui chauffait sa chambre sous les toits réveilla Makena. Elle s'étira paresseusement. Quand elle se souvint que c'était Noël, son cœur se mit à battre plus vite. Elle oublia de se sentir coupable de sa bonne fortune et s'autorisa à rêver aux cadeaux et au festin qui l'attendaient. Il y aurait même du haggis de légumes. Helen et Ray étaient tous les deux végétariens, et son régime alimentaire n'avait jamais posé de problème.

Alors, elle vit le réveil. Il était 7 h 12 du matin. Elle avait oublié de mettre l'alarme pour nourrir les renards ! Elle doutait que Ray se soit senti suffisamment bien pour s'occuper d'eux, ce qui signifiait qu'ils devaient avoir faim.

Elle jaillit de son lit et enfila son jean, son maillot de corps Thermolactyl, sa polaire et une veste. Elle fourra ses gants dans sa poche et enfonça un bonnet en laine sur ses tresses. Une semaine avant de quitter Nairobi, la fille de Gloria s'était présentée au foyer pour filles Cœurs pour l'Afrique. Nadira suivait une formation pour devenir coiffeuse comme sa mère et, d'après Serena, elle venait souvent parfaire ses compétences sur les orphelines. Sa venue était toujours très attendue, et les filles faisaient la queue pour lui servir de modèle.

Complexée par ses cheveux, Makena ne s'était pas jointe à la file d'attente, mais Edna était venue la chercher et lui avait dit qu'elle avait un rendez-vous privé avec Nadira. Quand Makena lui avait demandé pourquoi, Edna lui avait donné la réponse énigmatique et universelle des adultes du monde entier : « Parce que je te le demande. »

Nadira ne lui avait pas demandé comment elle s'était retrouvée à l'orphelinat, et Makena ne le lui avait pas expliqué. La coiffeuse n'avait pas fait de commentaire non plus sur l'état de ses cheveux.

– On m'a dit que tu allais partir au Royaume-Uni pour Noël, avait-elle simplement déclaré. Il faut qu'on arrange ton look. Il est grand temps qu'on montre à ces Anglaises échevelées que les Kenyanes peuvent leur apprendre deux ou trois choses en matière de style.

Dans la cuisine, Makena passa en revue les différentes options pour le repas des renardeaux. Il n'y avait presque plus de pain. Ni d'œufs. Alors qu'elle hésitait à leur donner des tartelettes aux fruits secs, elle repéra l'ordinateur portable d'Helen sur l'îlot de cuisine. Cela ne lui prendrait qu'une minute de faire une recherche sur Google pour savoir si les raisins et la pâte à tarte pouvaient les rendre malades. Helen n'en saurait jamais rien.

Grimpant sur un tabouret, elle appuya sur une touche. L'écran s'alluma. Un e-mail apparut. Makena s'apprêtait à le mettre de côté quand elle vit l'adresse : glasgowadoptionservices@globalmail.com.

Un froid glacial l'envahit. Le message était daté du 24 décembre et qualifié d'« URGENT ! ». Elle savait que c'était privé, mais il fallait qu'elle le lise.

Helen Stuart <helen.stuart73@gmail.com>
To Glasgowadoptionservices@globalmail.com

> Cher monsieur Carrick,
> Merci de m'avoir aidée à préparer les documents de Makena Wambora, la jeune Kenyane de douze ans que j'accueille chez moi pour Noël. Je vous demande de nouveau votre aide pour un problème de la plus grande urgence.
> Dès que Makena est descendue de l'avion, j'ai su que j'avais commis une terrible erreur. J'avais demandé à l'accueillir pour un mois. Je crains que cela ne soit pas possible. Elle n'est là que depuis cinq jours, et je compte déjà les heures jusqu'à son départ. Voyez-vous, je –
> I—

Makena referma brusquement l'ordinateur portable. Le sang rugissait à ses oreilles. Tout n'avait été qu'un mensonge. Tout. Depuis qu'elle était en Écosse, Helen faisait semblant de tenir à elle, alors qu'en fait elle comptait les heures jusqu'à ce que Makena, « une terrible erreur », reparte en Afrique.

La veille, elles s'étaient tellement amusées à faire de la pâtisserie, visiter Glencoe et lire *Le Lapin de velours* que Makena s'était surprise à vouloir rester pour toujours dans ce refuge de montagne enchanté. Elle s'était demandé si Helen éprouvait la même chose.

Elle avait même commencé à apprécier Ray, se disant qu'un homme prêt à risquer sa vie pour jouer avec des renards dans la neige devait être bon à quatre-vingt-quinze pour cent. Ils partageaient un secret. Elle savait qu'il savait qu'elle s'occupait des renardeaux jusqu'à ce qu'il ait retrouvé ses forces. Et puis c'était un montagnard, un type de personnes pour lesquelles elle avait énormément d'affection et d'admiration.

Mais rien de tout ça ne comptait maintenant qu'elle connaissait la vérité. Helen ne voulait pas d'elle. En réalité, elle était si impatiente de se débarrasser d'elle qu'elle avait écrit à l'agence d'adoption la veille de Noël. Elle comptait sans doute annoncer la nouvelle à Makena dès que Noël serait passé.

Makena était dévastée. Elle avait été idiote de croire que les choses pourraient se terminer autrement. À Nairobi, les autres orphelines avaient été contentes pour elle, mais elles l'avaient prévenue qu'elle ne devait pas trop espérer. Elles lui avaient dit que peu d'enfants de douze ans étaient adoptés, car les parents préféraient les bébés et les bambins et que, même si Helen l'invitait chez elle, ça ne se passerait pas forcément bien.

– Les gens sont différents quand ils sont dans leur pays. Peut-être qu'elle n'est pas bonne cuisinière ou qu'elle a mauvais caractère. Peut-être que tu ne trouveras pas ta place là-bas. Peut-être que les autres villageois seront racistes et te diront de retourner chez toi, en Afrique.

Makena jeta un coup d'œil à l'horloge. Il ferait bientôt jour. Elle prit une banane et deux tartelettes et but un verre d'eau. Là où elle allait, elle aurait besoin de toutes ses forces.

LES RÈGLES DE L'ALPINISME

- Toujours vérifier trois fois les conditions atmosphériques et veiller à avoir un équipement, des vêtements et des provisions adaptés avant de partir. Prendre un téléphone complètement chargé.
- Faire tout son possible pour minimiser les risques. Ne pas jouer les héros.
- Écouter son corps et son esprit.

Le père de Makena lui avait répété ces règles depuis qu'elle était toute petite et, pourtant, elle avait fui *La Grande Échappée* sans penser à aucune d'entre elles. Tout ce que contenait son sac à dos, c'était un pull, une bouteille d'eau, le pot de neige fondue de Neige (qui recommençait à geler) et les photos de ses parents, qu'elle avait retirées de leurs cadres. La banane et les tartelettes étaient dévorées depuis longtemps.

Au départ, elle s'était félicitée de sa décision. Le jour s'était levé, beau et clair, et elle avait progressé rapidement dans la montagne. Elle avait choisi de se diriger vers le col. Elle se rappelait avoir vu une station-service environ deux kilomètres plus loin. Si elle arrivait jusque-là, elle pourrait monter en douce dans un camion à destination d'Inverness ou d'Édimbourg. Elle ne savait pas ce qu'elle ferait une fois là-bas. Elle trouverait une idée en chemin.

Mais le temps ensoleillé avait viré à l'orage à une vitesse déconcertante. Des nuages rapides avaient englouti le sommet. Du brouillard s'échappait des crevasses et des ravins, et un vent glacial semblait déterminé à l'envoyer valser dans les airs.

Makena savait par son père que le brouillard était aussi redoutable qu'une avalanche pour les alpinistes. Si vous perdez vos repères en pleine montagne, une centaine de dangers vous guettent. D'en bas, elle avait vu un trajet clair se dessiner dans la montagne.

De plus haut, c'était plus difficile. Le chemin ne cessait de se mêler à des sentiers de moutons. Des chutes de pierres compliquaient encore les choses. Elle avait par deux fois dû faire un détour pour contourner des congères. Quand le sentier avait bifurqué, elle avait dû s'en remettre à son instinct.

Et voilà qu'il bifurquait à nouveau. Makena prit à gauche. Après dix minutes de marche difficile en montée et en oblique, le chemin se termina devant une cascade gelée.

Elle revint sur ses pas, s'efforçant de ne pas paniquer. Le sentier disparut. Elle en trouva un autre, qui se divisa rapidement en trois branches.

Elle s'arrêta pour reprendre son souffle. Elle avait les jambes d'Elvis. C'était ce que disaient les alpinistes quand leurs cuisses et leurs mollets ne s'arrêtaient plus de trembler. Elle avait des ampoules aux pieds et une soif terrible. Plus tôt, elle avait vu les lumières s'allumer dans le cottage, au loin. Elle s'était sentie mal en imaginant Helen se réveillant le matin de Noël et s'apercevant que la fille sous sa responsabilité était partie.

Avait-elle appelé la police ? Regretterait-elle d'avoir écrit ce mail ou bien, comme oncle Edwin, serait-elle soulagée d'avoir une bonne excuse pour renvoyer Makena en Afrique quand on la retrouverait, si jamais on la retrouvait ? Mais ce qui se passait dans la vallée en contrebas était un mystère. Comme Makena elle-même, tout ça se perdait dans le brouillard.

Il neigeait de nouveau. Avec force. Makena laissa échapper un sanglot. Elle allait mourir dans la montagne et elle ne pouvait s'en prendre qu'à elle-même.

La terreur menaçait de la submerger. Elle la combattit en prenant de grandes inspirations d'air affreusement froid. Il fallait qu'elle se ressaisisse, comme aurait dit son père. La situation pouvait s'arranger. Elle pouvait faire demi-tour. Retourner au cottage serait humiliant, mais elle serait en vie. Et au chaud. Elle insisterait pour qu'Helen la renvoie à Nairobi par le prochain avion.

Elle choisit le sentier qui semblait redescendre. Alors qu'elle contournait un gros rocher déchiqueté, elle s'arrêta, effrayée. Le renard argenté lui barrait le passage. Sur le fond enneigé, il était presque invisible, sauf qu'il luisait.

De près, il ne faisait aucun doute qu'il ne s'agissait pas d'un spécimen blanc de renard roux, mais d'une autre espèce, avec une fourrure épaisse et douce, un joli visage pointu et des yeux bleus et vifs qui semblaient voir tout au fond de son âme.

Quand elle fut remise de sa surprise, elle se sentit si soulagée de croiser un autre être vivant qu'elle dut se rappeler qu'il s'agissait d'un animal sauvage, et pas de jolis petits renards roux comme ceux de l'abri de jardin. Il pouvait l'attaquer. Pourtant, sa présence lui remonta le moral. Si cauchemardesque que soit sa situation, au moins elle n'était pas seule.

Alors, le renard bougea et elle cria. Pas parce qu'elle avait peur qu'il la morde, mais parce qu'elle découvrit, à travers le blanc tourbillonnant, le précipice qui se trouvait derrière lui. S'il ne lui avait pas bloqué le passage, elle serait tombée.

Secouée d'avoir été aussi proche du désastre, elle se retourna alors que la silhouette fantomatique du renard se fondait dans l'obscurité. Elle s'élança à sa poursuite. Il lui avait sauvé la vie une fois et pourrait recommencer. S'il était habitué à ce que Ray lui donne à manger, il pourrait la conduire jusqu'au cottage.

Le renard empruntait un sentier tortueux visible de lui seul. Parfois, il trottait si rapidement et avec une telle assurance que Makena avait du mal à le suivre. D'autres fois, il semblait tourner en rond. Elle ne perdit jamais l'espoir qu'il savait où il allait ni qu'il voulait qu'elle le suive. Sa queue scintillante brillait à travers le blizzard comme un guide lumineux.

Elle était près de s'effondrer, quand une cabane de berger apparut dans la tempête. Elle s'arrêta, son souffle sortant de ses poumons en bouffées blanches. Craignant que ce ne soit un mirage, elle fit un pas hésitant dans sa direction. La construction semblait bien solide.

Helen lui avait expliqué que, dans tous les Highlands, on trouvait des cabanes – des abris élémentaires pouvant servir de refuges aux randonneurs

et aux alpinistes. Ceux qui en avaient besoin en usaient gratuitement.

Makena se mit à courir, épuisée. Les marches étaient couvertes de neige, et la porte, si vieille et gonflée d'humidité qu'au début elle la crut verrouillée. Finalement, elle s'ouvrit en grinçant. Elle ne jeta un regard derrière elle qu'après avoir passé le seuil. Le renard brillant était parti.

LE GARÇON QUI VIVAIT AVEC LES POISSONS

Dans le refuge, elle trouva de l'eau et une bouilloire. Il n'y avait pas de bois, mais de nombreuses couvertures et une lampe solaire. Elle posa cette dernière sur le rebord de la fenêtre, et sa lueur jaune donna à la pièce glacée une atmosphère accueillante. De ses doigts gourds, elle tenta de se préparer une tasse de thé. Elle tremblait si fort qu'elle n'arrêtait pas de la renverser. Tout lui faisait mal, et surtout son cœur.

Dehors, la tempête s'intensifiait. Était-ce son imagination, ou bien le vent appelait-il son nom ? Enroulée dans une couette et trois couvertures, elle se blottit dans un fauteuil délabré. Ses paupières se fermaient. Elle avait envie de dormir, mais elle savait que, si elle souffrait d'hypothermie, il y avait de réelles chances qu'elle ne se réveille jamais.

Mais alors, serait-ce si grave ?

Si elle avait pu remonter le temps, elle serait retournée à la veille de Noël, quand Helen et elle confectionnaient des tartelettes aux fruits secs dans la cuisine chaude, riant de celles qu'elles rataient. Elle avait souri pendant presque toute la journée.

Désormais, c'était terminé. Elle avait gâché ses chances. Elle n'avait pas de maison et pas de famille. Elle n'était pas aimée. Pas désirée.

Ses yeux se fermèrent.

Puis ils se rouvrirent brusquement. Non, elle refusait d'abandonner. Neige n'aurait jamais renoncé à la vie. S'il n'était resté qu'un souffle d'air dans ses poumons, elle s'en serait servi pour danser et convaincre tout le monde autour d'elle de faire la même chose. Voilà pourquoi Makena était persuadée que sa meilleure amie était en vie et seulement portée disparue.

« L'escalade, c'est comme la vie, lui avait dit son père. On commence lentement. On essaie une voie, et si ça ne marche pas ou si on rencontre des obstacles, on continue de chercher jusqu'à en trouver une autre. Il y a toujours une deuxième chance. »

Makena avait essayé plusieurs chemins et elle avait eu une deuxième chance, une troisième, une quatrième, une dizaine. Elle avait aussi donné leur chance aux autres. Et pourtant, elle se retrouvait là, coincée dans un refuge en pierre dans un pays lointain.

Mais si elle faisait appel au principe des moments magiques de Neige, la situation était loin d'être désespérée. La veille de Noël, elle avait vécu plus de moments magiques qu'elle n'aurait pu en compter et, aujourd'hui, l'un des pires jours de sa vie, elle en avait déjà eu cinq.

Un : elle s'était réveillée au chaud et en sécurité dans un lit moelleux comme un nuage, deux choses pour lesquelles elle aurait donné son bras droit à Mathare. Ça comptait comme au moins un moment magique. Deux : les renardeaux s'étaient jetés sur elle en poussant des couinements de reconnaissance et de joie quand elle était allée les nourrir. Trois : le soleil s'était montré et avait baigné les montagnes enneigées d'une lumière couleur pêche lorsqu'elle s'était mise en route. Quatre : le renard argenté l'avait empêchée de faire un plongeon mortel. Cinq : il l'avait conduite à l'abri.

Alors, même si ses perspectives étaient sombres, cinq choses spéciales s'étaient déjà produites alors que la journée de Noël n'en était qu'à sa moitié.

Comment pourrait-elle renoncer à la vie alors qu'il y avait des montagnes à escalader et des livres à lire ? Certaines montagnes seraient plus amicales que d'autres, et certaines seraient carrément hostiles, mais elle voulait quand même les gravir ou sauver des gens qui se retrouvaient dans le pétrin en essayant de les gravir (comme elle).

Le renard ne l'avait pas sauvée par hasard. Il l'avait sauvée pour une bonne raison. Helen aussi. Si elle avait ensuite changé d'avis, alors c'était à Makena de la convaincre qu'elle avait tort. Mais d'abord, il fallait qu'elle survive jusqu'à ce qu'on la retrouve. Ça pourrait prendre des jours.

Makena n'arrivait pas à se réchauffer. Elle frissonnait comme si elle avait piqué une tête dans un ruisseau des Highlands. Elle savait qu'elle aurait dû se lever, refaire du thé et sauter sur place pour que le sang circule dans ses veines, mais elle l'avait déjà fait une fois et ça ne l'avait pas aidée. Elle était somnolente.

Tout… ce… qu'elle… voulait… c'était… dormir.

– Non !

Elle se gifla et se donna des coups de poing sur les bras. Elle devait rester éveillée.

Un souvenir lui revint soudain. Sa mère et elle assises sur les berges du barrage, aux roseraies. Makena l'avait encore suppliée de lui raconter l'histoire de son mystérieux ami d'enfance, Lucas, le garçon qui avait « vécu parmi les poissons ». À sa grande surprise, sa mère avait cédé.

Le récit commençait par leur enfance au Mozambique, à Maputo où le père de Betty avait travaillé dix ans en tant que directeur d'une école. Les deux enfants avaient été inséparables, partageant, entre autres, une passion pour la physique.

« Lucas était brillant… presque un prodige.

– Mais toi aussi, tu es brillante, maman.

– Pas comme lui. C'était le genre de garçon dont on savait qu'il allait changer le monde.

– Et l'a-t-il fait ?

– Tout dépend de ton point de vue. Un jour, il n'est pas venu à l'école. Je suis allée chez lui ; sa famille et lui avaient disparu. Personne ne savait où. On aurait dit qu'ils avaient été téléportés dans l'espace par des extraterrestres.

– Je pensais que tu ne croyais pas aux extraterrestres.

– Tu veux connaître l'histoire ou non ? »

Makena avait hoché la tête avec enthousiasme.

« La disparition de Lucas a laissé un trou immense dans ma vie. J'étais hantée par le fait de ne pas savoir. Pourquoi ? Où ? Comment ? Je ne l'ai revu que deux ans plus tard, au dernier endroit où je m'attendais à le trouver, lors d'une cérémonie de guérison menée par un célèbre guérisseur traditionnel d'Afrique du Sud, un *sangoma*. Bon, tu me connais. J'aime la tradition, mais j'ai peu de tolérance pour la superstition. Même adolescente, je me considérais comme une scientifique pure et dure. Cependant, j'ai le plus grand respect pour ces *sangomas* qui se servent de leurs dons pour aider les autres. Leur connaissance des maladies et du pouvoir curatif des plantes peut égaler, voire largement dépasser, celle des médecins occidentaux.

– As-tu parlé à Lucas ? Qu'avait-il fait pendant tout ce temps ? »

Sa mère avait refusé de se laisser presser.

« Il était assis à l'écart de tout le monde, dans l'ombre. Je ne l'aurais pas remarqué sans cette habitude qu'il avait de remonter ses lunettes sur son nez. J'ai vu quelqu'un faire ça et j'ai hésité. Il s'est levé d'un bond et a couru vers moi. Nous avons tous les deux pleuré.

– Est-ce que tu lui as demandé pourquoi il ne t'avait pas dit au revoir ? Que faisait-il là ? Était-il malade ? »

Betty avait pris un moment pour se calmer.

« Il était l'apprenti du *sangoma*. »

Makena s'était attendue à tout sauf à ça.

« Et la physique et l'étude de l'Univers, alors ?

– Ceux qui étaient venus lui annoncer qu'il avait été choisi pour devenir l'assistant du *sangoma* ne se préoccupaient pas de sa carrière. Ils estimaient que c'était un grand honneur. Il n'avait qu'à accepter, et lui et sa famille ne manqueraient plus jamais de rien. Les parents de Lucas étaient terriblement pauvres. Il a fait ce qu'il pensait être le mieux pour eux et ses sœurs. Et puis, il était flatté que le *sangoma* le trouve aussi spécial. Il ne se doutait pas que le premier défi de son apprentissage serait de passer six mois sous l'eau avec les poissons.

– Mais c'est impossible, avait rétorqué Makena, les yeux écarquillés.

– C'est ce que j'ai dit. Mais Lucas m'a assuré qu'il avait vécu dans une grotte sous un lac pendant tout ce temps. Il la décrivait comme froide, verte et solitaire. Avant que je puisse lui poser plus de questions, il a été appelé. Je n'oublierai jamais son visage quand nous nous sommes séparés. Il a dit : « Betty, je n'ai pas choisi cette vie. Tout ce que je voulais, c'était être un écolier ordinaire. »

– Est-ce que tu l'as cru, maman ? Qu'il avait vécu six mois sous le lac ?

– Non, mais lui, oui. Alors je me suis demandé pourquoi. C'était un garçon qui ne s'intéressait qu'aux faits. Il était incapable de mentir. J'en suis venue à la conclusion qu'il y avait trois possibilités. Un : on lui avait appris à rester longtemps – pas des mois, mais peut-être des heures – sous l'eau en respirant avec des roseaux, comme le faisaient les vieux chasseurs. Deux : il avait passé six mois sous l'eau dans un univers parallèle. »

Makena avait ri, mais sa mère était sérieuse.

« De nombreux physiciens, y compris Stephen Hawking, sont ouverts à la possibilité que des univers parallèles ou même des multivers existent. On n'a jamais pu prouver qu'ils n'existaient pas.

– Et quelle est la troisième explication ?

– Que Lucas avait le cœur brisé et qu'il ne pensait plus clairement.

– Mais si c'était vrai ? avait insisté Makena. S'il avait réellement vécu sous l'eau ?

– Chérie, voyons. Tu sais que c'est impossible. »

Makena n'était pas d'accord.

« Tu as dit à oncle Samson qu'à la fin tout pouvait s'expliquer par la physique, et que si on ne trouvait pas d'explication, alors ce n'était pas la fin. Alors peut-être que ce n'est pas la fin. Peut-être qu'un jour il y aura une explication. »

Sa mère avait ri et admis qu'elle n'avait pas tort.

« Einstein pensait qu'il n'y avait que deux façons de vivre sa vie. La première, en considérant que rien n'est un miracle. La deuxième, en considérant que tout est un miracle.

– Moi, je crois aux miracles », avait affirmé Makena.

Sa mère l'avait serrée dans ses bras.

« Et moi aussi. »

Frissonnant dans le fauteuil du refuge, Makena comprit pourquoi cette histoire lui était revenue. Elle aussi avait passé six mois à entrer dans des univers parallèles et à en sortir. Elle aussi n'avait rien demandé. Tout ce qu'elle avait voulu, c'était être une écolière ordinaire avec un ou deux rêves extraordinaires.

Malheureusement, dans cet univers, de la glace

circulait péniblement dans ses veines. Sa tête bascula en avant. Le sommeil fondit sur elle.

– Makena ! MAKENA !

La porte s'ouvrit à toute volée. Ray tanguait dans la lumière de sa lampe-torche, plus homme des neiges qu'humain. Il se précipita vers elle et la prit dans ses bras. Il avait les joues humides, et elle n'aurait su dire si c'était parce que les glaçons dans ses cheveux étaient en train de fondre. Quand il prit la parole, ce fut d'une voix forte et grave, la voix d'un homme de la moitié de son âge.

– Makena, douce enfant, oh, Dieu merci, tu es vivante. Je suis désolé d'avoir mis aussi longtemps à te retrouver. S'il n'y avait pas eu ce renard… Makena, Helen est dévastée. Elle a besoin de toi. Nous avons tous les deux besoin de toi, ma puce. Si tu es d'accord, je suis venu pour te ramener à la maison.

L'ANGE RENARD

Le secret, pour bien faire griller les marshmallows, c'est de les tenir au-dessus des braises et de les faire tourner environ trente secondes, expliqua Helen.

Makena et elle étaient assises côte à côte devant le feu, fourchettes tendues.

– Tout est question de précision. Trop près des flammes et ils brûlent. Mais avec de la patience et une pointe d'audace, voici le résultat : couleur miel à l'extérieur, fondant à l'intérieur. Qu'est-ce que tu en dis ? C'est bon ?

Makena hocha la tête, la bouche pleine. C'était le soir de Noël. Les marshmallows à la noix de coco grillés étaient le dernier plat au menu du festin retardé d'Helen. Makena n'avait plus vraiment de place, mais ils valaient bien un petit effort.

– Rien de tel qu'une balade en montagne dans un petit blizzard pour vous faire apprécier les choses simples de la vie, commenta Ray qui, assis sur le canapé, apportait la touche finale à une sculpture en bois. Amenez-moi un homme qui pense qu'un restaurant chic à Londres peut servir quelque chose de meilleur qu'un marshmallow grillé, et je lui montrerai.

Il jeta un coup d'œil à Makena, qui faisait tourner son marshmallow comme on le lui avait appris. Quand il fut juste assez croustillant, mou et grillé, elle le fourra dans sa bouche. Elle ferma les yeux, en extase.

– Tu lui montreras ma tête en ce moment ? demanda-t-elle en rouvrant les yeux.

Il sourit.

– Comme je le disais, les choses simples l'emportent toujours sur les plus sophistiquées.

Pour Makena, les événements de la journée avaient pris une dimension surréaliste, surtout le moment où elle s'était retrouvée allongée sur un brancard et où elle avait survolé les montagnes enneigées dans un hélicoptère orange. Ray l'avait appelé peu après l'avoir retrouvée. L'appareil était sorti de l'orage, ses pales tournant violemment, et les avait emmenés en sécurité. Moins d'une heure plus tard, Makena dégelait dans un bain chaud.

Il lui faudrait un peu de temps avant de ne plus se sentir coupable d'avoir causé tant d'angoisse à autant de personnes. Elle avait tenté de s'excuser auprès du pilote de l'avoir fait sortir le jour de Noël, mais il n'avait rien voulu entendre.

– Ah, ça suffit. Ce n'est rien du tout. C'est pour ça que j'ai signé : quelque chose de plus excitant que de regarder un Agatha Christie à la télé. Et puis, tu m'as déjà renvoyé l'ascenseur, puisque j'ai échappé à un déjeuner avec la belle-mère.

Revoir Helen avait été beaucoup plus difficile.

– Aussi longtemps que je vivrai, je ne veux plus jamais ressentir ça, avait-elle dit à Makena après qu'elles avaient pleuré dans les bras l'une de l'autre. Quand j'ai vu ton lit vide et tes empreintes de pas dans la neige, j'ai cru que j'allais faire une crise cardiaque.

– Je croyais que tu ne voulais pas de moi. Je pensais que tu avais juste fait semblant de t'intéresser à moi et que tu me renverrais en Afrique dès que Noël serait passé.

– Eh bien maintenant, tu sais que c'est tout le contraire. J'écrivais à l'agence d'adoption pour leur demander si tu pouvais rester plus longtemps. Dès que tu es descendue de l'avion, je n'ai pas arrêté de me dire que j'avais été idiote de demander à t'accueillir pendant seulement quatre courtes semaines. J'ai su tout de suite que je voulais que tu restes toute la vie. J'étais déterminée à t'offrir un parfait Noël écossais dans l'espoir de te convaincre – ainsi que les autorités, bien sûr – de m'autoriser à t'adopter, mais tout est allé de travers. Ton vol était en retard, j'ai failli t'ébouillanter avec du chocolat chaud, et puis il a fait mauvais, et papa est tombé malade et… bon, tu connais la suite.

Makena était penaude.

– Oui. J'ai lu un mail qui ne m'était pas destiné,

je me suis fait des idées, je me suis enfuie, j'ai failli tomber dans un précipice, j'ai fait de l'hypothermie, et j'ai gâché le Noël de tout le monde.

Helen éclata de rire.

– C'est une façon de voir les choses, mais ce n'est pas comme ça que je m'en souviendrai. Makena, ne comprends-tu pas quelle bénédiction tu as été ? J'ai une chance d'adopter la fille dont j'ai toujours rêvé. Plus encore, tu m'as rendu mon père. Quels que soient les épreuves qui nous attendent, ce sera toujours le plus beau Noël de ma vie. Et à ce propos...

Elle se leva et s'approcha du manteau de la cheminée. Elle tendit une enveloppe violette à Makena, sur laquelle était écrit, en lettres argentées : « NE PAS OUVRIR AVANT NOËL ! C'EST UN ORDRE ! »

Makena regarda le cachet de la poste.

– Je ne connais personne à Chicago.

Helen sourit.

– Et si tu l'ouvrais pour savoir qui te l'a envoyée ?

Dès que Makena vit le coquelicot sur la carte, elle comprit.

Happy Kissmass, Kissmass!

Ma nouvelle maman voulait que je l'écrive correctement, mais je lui ai dit qu'il fallait que ce soit comme ça. Que tu comprendrais.

On m'a dit que tu étais en Écosse. Tu pourras sans doute remplir un pot ou deux avec de la neige, là-bas. Je pourrais en remplir quelques millions ici, à Chicago. Ici, tout le monde m'appelle Diana, parce qu'il y a tellement de neige que ça prêtait à confusion. Ça ne me dérange pas. Après tout, je m'appelle comme la reine des Supremes.

Tu veux probablement savoir comment j'ai disparu de la surface de la Terre. Je me suis posé la même question à ton sujet. Tu auras droit à la version courte, parce qu'il n'y a pas beaucoup de place sur cette carte.

Tu te souviens quand je t'ai dit que la vie nous réservait parfois de mauvaises surprises et que c'est pour ça qu'on avait au moins trois moments magiques par jour, pour compenser ? Eh bien, c'est vrai.

Je ne me souviens pas du moment où le bulldozer m'a écrasée. Quand j'ai fini par me réveiller, à l'hôpital, je ne me rappelais même plus mon nom. Ils ont dit que c'était une amnésie causée par le choc. Les médecins et les infirmières avaient tous l'air déprimés et ont commencé à me parler de mon avenir en fauteuil roulant. Je leur ai dit de jeter cette idée à la poubelle, là où était sa place, parce que j'allais danser et voir mon nom écrit en néons comme Michaela DePrince. C'est drôle, je ne me rappelais pas grand-chose, mais je me rappelais Michaela et toi.

Tu te demandes quel est le moment magique, pas vrai ? Je leur ai tellement rebattu les oreilles avec Michaela qu'un chirurgien qui fait du bénévolat pour une organisation caritative travaillant dans des zones de guerre en a entendu parler. Il l'avait vue danser avec le Dance Theatre de Harlem. En bref, il m'a opérée gratuitement. Ça m'a beaucoup aidée. On m'a aussi donné des lunettes. Qui aurait cru que les mots et les images pouvaient être aussi clairs ? Finalement, ma mémoire est revenue et j'ai été adoptée par une famille afro-américaine. Ils sont super. Je suis la troisième et la dernière (peut-être) de leurs enfants adoptés. Les autres viennent du Japon et du Burundi. Ma nouvelle sœur, May, dit que le vingt-deuxième empereur du Japon était albinos !

Bien sûr, la vie n'est pas un conte de fées, et je suis encore loin de rejoindre le Ballet national des Pays-Bas, comme Michaela. J'en ai encore pour environ trois opérations et dix ans d'entraînement. En attendant, j'ai commencé les cours de danse classique. Je suis assise dans mon fauteuil et je regarde, mais je prépare les mouvements pour le moment où mon tour viendra.

Désolée de ne pas t'avoir offert un cadeau de Noël. Tu m'en as offert un sans même le savoir ! Avant, j'avais trois moments magiques par jour. Maintenant, j'en ai un quatrième. Le lever du soleil, le coucher du soleil et un autre. Le quatrième est un souvenir. Toi et moi en train de danser « Le Lac des vilains petits canards » pendant qu'Innocent et sa bande jouaient avec tout leur cœur. On a assuré, ma vieille, pas vrai ?

Continue de danser et d'escalader les montagnes.

Je t'embrasse,

Diana (Neige pour toi)

Ta meilleure amie (j'espère !)

Les mots se brouillèrent devant les yeux de Makena. Elle était incapable de parler. Helen le fit à sa place.

– Les amitiés comme celle que tu as avec Neige

durent toute la vie. Je ferai le maximum pour que vous soyez bientôt réunies. Il en va de même pour l'Afrique. Ce sera toujours chez nous. Que nous soyons en Écosse, à réfléchir à des moyens d'aider Cœurs pour l'Afrique, ou à Nairobi, avec Edna, au foyer pour filles. Mais avec le temps, j'espère que tu aimeras l'Écosse aussi.

Makena embrocha un autre marshmallow et regarda Ray. Elle n'en revenait pas du changement qui s'était opéré chez lui. Le docteur Brodie non plus.

– Si Ray était un mortel ordinaire, une opération de sauvetage en montagne en plein blizzard si peu de temps après une quasi-pneumonie l'aurait tué, avait-il confié à Makena quand il était venu l'ausculter. Étrangement, il semblerait que ç'ait été exactement le remontant dont il avait besoin. Makena, tu lui as rappelé son but dans la vie : aider les gens et leur apprendre à profiter de la montagne en toute sécurité. Tu l'as fait renaître.

Makena et Ray avaient beaucoup parlé. Helen

avait raison. Ils avaient beaucoup en commun. Mais le sujet auquel ils revenaient sans cesse était le renard argenté.

Quand il avait jailli de la tempête de neige comme un boulet de canon argenté, lui jappant dessus pour qu'il le suive, Ray avait douté de ce que lui montraient ses propres yeux. Pendant toutes ses années en montagne, il n'avait jamais vu de renard argenté.

– Il n'y a pas de renards argentés en liberté en Écosse, Makena, que des renards roux. Si j'en avais déjà croisé un, je m'en serais souvenu, je t'assure.

– Alors le soir où j'ai vu un renard argenté à côté de toi dans le jardin, tu ne savais pas qu'il était là ?

Il secoua la tête.

– Non. Je me rappelle avoir éprouvé un profond sentiment de paix alors que je contemplais la montagne. En toute honnêteté, je n'avais plus ressenti ça depuis la mort de ma femme. Je suis resté plus longtemps qu'il ne l'aurait fallu parce que je ne voulais pas briser le charme. Mais non, je n'ai vu aucun renard argenté, ni ce soir-là, ni jusqu'à ce qu'il sorte du blizzard.

– Tu penses que c'était quoi, alors, ce renard dans la montagne ? insista Makena. Un renard argenté échappé de quelque part, qui est super-intelligent et qui aime sauver les humains qui aiment sauver les animaux ? Ou un fantôme ? Ou peut-être un ange ?

– Peut-être un mélange des trois, suggéra Helen. Peut-être que tout et tous ceux que tu as aimés se sont manifestés sous la forme d'un renard parfait.

– Peut-être, acquiesça Ray, qui se pencha en avant et tendit à Makena la sculpture terminée. Un présent pour toi, ma puce. Mieux vaut tard que jamais. Joyeux Noël.

C'était un renard avec de minuscules ailes. Ses plumes et ses moustaches étaient parfaitement sculptées dans du bois de noyer. Makena le caressa.

– Un ange renard ! Oh, il est magnifique. C'est vraiment pour moi ?

– Absolument. Personne d'autre parmi mes

connaissances n'apprécie autant les renards que toi et moi.

Makena le pressa contre sa joue. Le bois était encore tiède d'avoir été entre les mains de Ray.

– Merci, Ray. Je vais le mettre sur ma table de nuit, à côté de ce que j'ai de plus précieux: les photos de mon papa et de ma maman et le pot de Neige.

– Je suis ravi qu'il te plaise autant, ma puce. Crois-le ou non, j'ai commencé à le sculpter avant de voir le renard dans la montagne, après t'avoir vue te faufiler dans le jardin à minuit pour nourrir les renardeaux. Je voulais te remercier. J'ai su tout de suite que nous étions des âmes sœurs.

– C'est une façon de le dire, intervint Helen d'un ton pince-sans-rire. Des complices dans le crime en est une autre. Je note que je vais devoir vous garder à l'œil, tous les deux.

Une bouffée de bonheur emplit Makena à ras bord. Les visages de ses parents flottaient dans son esprit et elle ne se sentait plus coupable. Elle savait que c'était ce qu'ils auraient voulu pour elle, qu'elle trouve un vrai foyer et une famille aimante.

– Maman, dit-elle timidement, testant ce mot, ça ne te dérange pas si j'accroche l'ange renard tout en haut de l'arbre de Noël ?

Le sourire d'Helen était si large qu'il aurait pu envelopper deux fois Makena.

– Rien ne me ferait plus plaisir. Je crois que c'est sa place.

Dans l'espace entre deux pins,

il y a toujours une porte menant à une nouvelle vie.

John Muir

NOTE DE L'AUTEURE ET REMERCIEMENTS

Le voyage de Makena parle des enfants oubliés de ce monde, mais aussi du pouvoir de l'amour et de la nature de guérir les cœurs brisés, et des liens qui nous unissent tous.

Certains livres ont un début bien marqué. Par exemple, l'idée de *La Girafe blanche* m'est venue alors que je marchais dans une rue de Londres, un mois de décembre, pour aller faire des courses de Noël. L'image sortie de nulle part d'une petite fille sur le dos d'une girafe est apparue dans ma tête. Ayant grandi dans une ferme et une réserve animalière au Zimbabwe, j'avais une girafe de compagnie du nom de Jenny, et je me disais : « Ne serait-ce pas la chose la plus cool au monde de monter sur le dos d'une girafe ? »

D'une certaine manière, l'histoire du *Voyage de Makena* s'est déployée toute ma vie. Les paysages, la culture et la magie de ce roman sont fondés sur les expériences, à la fois magnifiques et éprouvantes, de mon enfance au Zimbabwe, et sur les décennies de voyages que j'ai faits adulte en Afrique du Sud, au Kenya, en Namibie, au Malawi et au Mozambique.

Les aventures de Makena et de Neige sont nées des événements de ces dernières années. Alors que les frasques des célébrités et la cruauté arbitraire des politiciens dominaient les gros titres, peu évoquaient la détresse des gens les plus vulnérables et des animaux sauvages de notre planète, ce qui me frustrait de plus en plus.

Lorsque la crise d'Ebola a commencé en Guinée et en Sierra Leone en 2014, un vent de panique a soufflé dans des pays comme le Royaume-Uni à l'idée que le virus puisse atteindre nos côtes. Et puis, quand un vaccin d'essai s'est avéré efficace à la fin de 2016, il y a eu un soupir de soulagement international. Lorsqu'une nouvelle épidémie s'est déclarée, en république démocratique du Congo, en mai 2017, on y a peu prêté attention.

Ce qui n'a pas disparu et ne disparaîtra pas, ce sont les orphelins d'Ebola, dont la souffrance est aggravée s'ils sont ensuite rejetés par leur communauté à cause de superstitions. Comme celle qui a empêché une fille qui avait perdu seize membres de sa famille de rentrer dans son village, car certains pensaient qu'elle était une sorcière.

La situation des enfants albinos est tout aussi accablante. Dans certains pays – la Tanzanie et le Malawi ne sont que deux exemples parmi d'autres –, les seuls endroits sûrs pour eux sont des institutions protégées, tant ils sont précieux aux yeux de ceux qui croient que leur corps peut apporter le pouvoir, la fortune ou la chance. Tous les dirigeants intègres et bons de ce monde devraient s'unir pour sauver ces enfants, mettre fin aux croyances locales et présenter les coupables devant la justice, mais de ça non plus, on ne parle que rarement aux informations.

Rien qu'au Zimbabwe, il y a plus d'un million d'orphelins. Dans un rayon de dix kilomètres autour de Harare, la capitale, on dit que les besoins de soixante mille ménages sont assurés par des enfants. Imaginez: dans un pays où plus de quatre-vingt-cinq pour cent de la population sont sans emploi et où sévit une crise financière, soixante mille enfants essaient d'élever d'autres enfants.

Mais ce ne sont pas seulement ces enfants perdus et oubliés qui m'ont poussée à écrire ce livre. C'est aussi un voyage en voiture à travers les Highlands, en Écosse, en compagnie de Jules Owen, et une rencontre à minuit avec un renard. Et voir, au fil des ans, que les cœurs bons changent des vies.

Une histoire m'a particulièrement marquée, celle de Michaela DePrince. Enfant de la guerre en Sierra Leone, Michaela a été adoptée par une famille américaine extraordinaire. Grâce à leur amour et à sa motivation, son courage et son talent immenses, elle a réalisé son rêve de devenir danseuse, d'abord pour le Dance Theatre de Harlem, aux États-Unis, et, plus récemment, au Ballet national des Pays-Bas. Tous les jours, elle inspire des enfants du monde entier.

De nombreuses personnes m'ont aidée de leurs conseils, de leurs corrections et m'ont utilement influencée au cours de mes recherches pour la partie de ce livre se déroulant au Kenya. En particulier la correspondante de CNN Robyn Kriel, qui couvrait la visite de Barack Obama au Kenya en 2015 et qui était, à l'époque où j'ai écrit ce roman, basée à Nairobi.

Les reportages pleins d'empathie de Robyn sur la vallée de Mathare et ceux, enthousiastes, sur les exemples de réussite kenyans ont étoffé mes connaissances. Elle m'a donné davantage encore : son temps, dont elle a été si généreuse, et son expérience. Mes remerciements paraissent bien faibles en comparaison.

Son reportage sur Tambuzi m'a amenée à contacter Maggie Hobbs qui, avec chaleur et humour, m'a fait faire une visite de ses roseraies sur Skype.

Gravir le Point Lenana du mont Kenya est l'un de mes rêves. Le jour où je le réaliserai est sans doute encore lointain, alors, en attendant, je me suis appuyée sur les guides touristiques et les alpinistes qui le connaissent le mieux. Je suis particulièrement redevable à Simon Gitau, gardien du mont Kenya, dont les récits vivants et puissants sur cette montagne qu'il aime tant me l'ont rendue présente. Makena et son papa prennent le chemin que Simon m'a recommandé jusqu'aux lacs Rutundu et Alice, et au-delà.

Pour les passages traitant de l'alpinisme, je dois beaucoup aux Mount Kenya Climbing Tours et à mon amie, tout à la fois modeste et extraordinaire, Rebecca Stephens, membre de l'ordre de l'Empire britannique, qui a non seulement gravi l'Ice Window Route, sur le mont Kenya, mais est devenue, en 1993, la première Britannique à réussir l'ascension de l'Everest.

Je suis profondément reconnaissante à James Macharia et Anne Kinyota ainsi qu'au producteur de CNN Idris Muktar, qui ont grandi à Mathare, pour avoir pris le temps de lire mon roman et m'avoir reprise sur des détails cruciaux concernant la culture, la langue et la géographie kenyanes. Un grand merci également à mon amie Emelia Sithole-Matarise pour son soutien et sa patience infinis : elle m'a encouragée autour de nombreux cafés accompagnés de bien trop nombreux gâteaux. Toute erreur qui se serait glissée dans ce livre serait de ma seule responsabilité.

Toute ma vie au Zimbabwe, j'ai entendu des

récits de rencontres avec des *tokoloshe*. L'histoire de Lucas, elle, s'inspire des conversations que j'ai eues avec des guides locaux de la Honde Valley, lors d'un voyage avec ma sœur, Lisa, au Zimbabwe, et d'un autre dans les Matobo Hills, avec mon père. Un café (encore un !) avec l'adorable Georgina Godwin à Londres et un article de journal sur des apprentis *sangomas* en Afrique du Sud m'ont aussi nourrie.

Il me semble important de souligner que si les bidonvilles de Nairobi existent, ils ne représentent qu'un aspect du pays dynamique, riche de réussites et incroyablement beau qu'est le Kenya. On pourrait en dire autant de l'Afrique en général. Chaque jour, je mesure ma chance d'avoir grandi sur un continent aussi peuplé de personnes intelligentes, créatives et au grand cœur.

Pour m'avoir fait confiance sans faillir pendant plus de treize ans et pour avoir cru en Makena et en Neige dès le premier jour où elles les ont rencontrées, je n'ai pas assez de mots pour exprimer ma reconnaissance à l'égard de Fiona Kennedy, mon éditrice chez Zephyr, et de mon agent littéraire, Catherine

Clarke. Elles sont non seulement brillantes à tous points de vue, mais également deux des plus belles personnes que j'aie jamais connues.

Un immense merci à Catherine Hyde, dont les magnifiques illustrations ont si bien capté ce que j'espère être l'esprit de mon roman.

Merci à l'équipe dévouée et hyper-talentueuse de Head of Zeus, notamment à Amanda Ridout, Jessie Price, Dan Groenewald, Jon Small, Claire Kennedy, Chrissy Ryan, Jennifer Edgecombe, Kaz Harrison, Suzanne Sangster, Lauren Atherton, Ian Macbeth et Victoria Reed. La relectrice-correctrice Jenny Glencross et Sue Michniewicz, qui a conçu la superbe maquette de ce livre, ont aussi été d'une aide inestimable.

Pour finir, un grand merci à ma mère, une super-assistante de recherche documentaire et ma plus grande supportrice.

Lorsque je me rends dans des écoles ou que je m'exprime dans des festivals, les enfants me demandent souvent comment ils peuvent avoir un impact positif sur le monde. Avec tout ce qui se passe, on se sent facilement dépassé. Mais si chacun d'entre nous faisait un geste gentil chaque semaine, ou mieux encore, tous les jours, imaginez ce que cela pourrait changer. Voici quelques suggestions :

- Ouvrez votre cœur aux migrants et aux réfugiés. Peu d'entre eux ont choisi de partir de chez eux. Comme Makena, leurs vies dans leur pays leur ont été volées par la maladie, la sécheresse, la guerre, le chômage ou d'autres circonstances indépendantes de leur volonté. La plupart apportent des connaissances, des expériences ou des talents qui nous enrichissent. À l'exemple de Makena qui procure de la joie à Helen et à Ray pour les remercier de l'avoir sauvée. C'est un partage.
- Dites non aux sacs, aux écouteurs et aux pailles en plastique, qui polluent nos océans.
- Adoptez des animaux dans les refuges. Ne donnez pas d'argent aux marchands ni aux éleveurs de chiots. J'ai adopté mon chat bengal, Max, dans un refuge, et il me l'a rendu au centuple par son amour inconditionnel.

- Envisagez de devenir végétarien ou végan.
- Si vous aimez les livres, soutenez votre bibliothèque de quartier ou battez-vous pour la sauver. Vous avez peut-être la chance d'avoir des livres à l'école ou à la maison. Des millions d'enfants ne l'ont pas.
- Dénoncez la cruauté. Refusez l'injustice.
- Plantez un arbre ou semez des fleurs pour aider à sauver les abeilles.
- Parrainez un enfant ou un animal. En tant qu'ambassadrice pour Born Free Foundation (www.bornfree.org.uk), je peux vous assurer que le travail qu'ils effectuent en faveur de la vie sauvage et des communautés du Kenya et d'ailleurs valent bien votre temps et vos dons. Lewa Wildlife Conservancy (www.lewa.org) accomplit également une œuvre extraordinaire à destination des enfants et des animaux dans la région du mont Kenya. Au Royaume-Uni, Goodheart vient en aide aux animaux de ferme maltraités (www.goodheartanimalsanctuaries.com).

- La vérité compte. Le respect aussi. Accrochez-vous à ces deux valeurs.
- Soyez bons. Ça ne coûte rien et ça pourrait sauver une vie.

Lauren St John
Londres
2017

TABLE DES MATIÈRES

L'AUTEURE

Lauren St John voit le jour au Zimbabwe et y demeure jusqu'à ses vingt ans, dans un environnement qu'elle décrit comme « un paradis absolu ». Cette enfant timide, obnubilée par les livres, grandit aux côtés d'étonnants animaux : autruches, pythons, une girafe et huit chevaux dans une ferme au nom prédestiné qui lui inspira ses Mémoires, *Rainbow's End*. D'abord vétérinaire en Angleterre, Lauren St John devient journaliste puis se spécialise dans la rubrique sportive et suit l'actualité du golf pendant dix ans pour le *Sunday Times*. Après plusieurs biographies de groupes de folk, elle se consacre à l'écriture avec *Les Mystères de la girafe blanche*, une tétralogie best-seller, *Cheval d'Orage*, une fascinante trilogie sur la passion de l'équitation inspirée de son histoire d'adolescente, et *The Glory*.

Avec *Le voyage de Makena*, Lauren St John renoue avec son continent de prédilection : l'Afrique.

Du même auteur chez Gallimard Jeunesse :

FOLIO JUNIOR

Les Mystères de la girafe blanche

La girafe blanche, n° 1439

Le chant du dauphin, n° 1466

Le dernier léopard, n° 1508

L'éléphant du désert, n° 1549

Cheval d'Orage

I. *Un champion sans prix,* n° 1756

II. *Chantage pour une victoire,* n° 1784

III. *Galop de feu,* n° 1817

The Glory – La course impossible, n° 1756

ROMANS JUNIOR

Cheval d'Orage

I. *Un champion sans prix*

II. *Chantage pour une victoire*

III. *Galop de feu*

The Glory – La course impossible

Le voyage de Makena

LES MYSTÈRES DE LA GIRAFE BLANCHE - 1

LA GIRAFE BLANCHE

Martine, onze ans, a perdu ses parents et va vivre chez son acariâtre grand-mère, dans une réserve d'Afrique du Sud. Heureusement, elle y rencontre sa tante Grace, qui est voyante, et Tendai, qui travaille à la réserve, et commence à aimer sa nouvelle vie. Un soir, elle voit une mystérieuse girafe blanche, avec qui elle se lie d'amitié. Peu à peu, Martine s'aperçoit qu'elle a le pouvoir magique de soigner les animaux. Quand, un jour, la girafe disparaît, la grand-mère de Martine lui dévoile la vérité sur sa naissance: tous ont toujours su qu'elle avait un don et était l'enfant légendaire qui pourrait chevaucher la girafe blanche...

CHEVAL D'ORAGE - 1

UN CHAMPION SANS PRIX

À 15 ans, Casey vit au dernier étage d'une tour misérable du Londres populaire. Simple bénévole dans un club hippique miteux, elle rêve pourtant de remporter le plus grand championnat d'équitation au monde : le prestigieux concours de Badminton. Lorsqu'elle sauve de l'abattoir un cheval blessé et affamé, presque sauvage, contre un simple dollar, elle est convaincue que tout devient possible. Mais c'est sans compter sur le lourd passé de son père tout juste sorti de prison après un cambriolage raté, ou son attirance pour un jeune garçon aux yeux sombres qu'elle s'interdit d'aimer...

Le papier de cet ouvrage est composé de fibres naturelles, renouvelables, recyclables, et fabriquées à partir de bois provenant de forêts gérées durablement.

Mise en pages : Françoise Pham
Loi n° 49-956 du 16 juillet 1949
sur les publications destinées à la jeunesse
ISBN : 978-2-07-510966-6
Numéro d'édition : 337556
Dépôt légal : avril 2019
Imprimé en Italie par Grafica Veneta S.P.A.